Un día en Santiago de Chile

Historia, significado, historia del significado

Julio Duarte Garcés

A Catalina mi hija, para que aprendas algo por mí, si te llego a faltar.

Y a mi hermano José, médico, quien salva vidas en medio de la pandemia mientras escribo este libro.

CONTENIDO

1. La Mañana

Fecha y hora

Empezaremos nuestro recorrido de lo cotidiano desde el principio. Podemos comenzar imaginando que es viernes 8 de mayo, son las 7 am y me levanto para iniciar una nueva jornada.

Los días de la semana toman su nombre de los cuerpos celestes en el cielo: sol, luna, planetas y estrellas, que a su vez llevan nombres de dioses romanos, mitología tomada de los dioses griegos por lo que se considera tradición conjunta greco - romana. De esta forma el lunes toma su nombre de la *luna*, término que tiene su origen en la palabra indoeuropea *leuksno* (brillar, luminoso) y que más tarde tuvo el sonido *leuks-na* en latín, idioma de la antigua Roma. Martes toma su nombre del planeta llamado *Marte* quien fuera el dios de la guerra, hijo de Júpiter. Miércoles proviene del planeta *Mercurio*, nombrado como el dios del comercio, mensajero *Júpiter*, de ahí toma su nombre el diario informativo que circula en Santiago. El planeta *Júpiter*, es nombrado como el dios principal en la mitología romana y origina el nombre jueves, mientras que viernes proviene del planeta *Venus*, diosa del amor y la belleza. En castellano sábado viene de la palabra hebrea (del pueblo de Israel o judío) *shabbat* y domingo del latín *domínica* que significa día del señor.

En el idioma inglés, sábado y domingo mantienen el origen celestial, con *Saturday* (sábado) o "*día de Saturno*" y *Sunday* (domingo) "*día del sol*". Lunes o *monday* (*moon day*, "día de la luna") mantiene una semejanza con el castellano. Sin embargo, el resto de los días no basan sus nombres en los cuerpos celestes ni en nombres de dioses romanos, sino que son denominados como "el día de…" diferentes dioses nórdicos (del norte de Europa). Martes o *twesday* es el día de *Tir*, *Tiw*, *Tiu o Tew*, diosa de la guerra; miércoles o *Wednesday,* es el día de *wode* o *wotan*, más popularmente conocido por nosotros como *Odín*, el dios principal en la mitología nórdica. El jueves o *thursday* es el día de *Thor*, dios del trueno y el viernes o *friday* es el día de *Frigg* o *Freya*, "la señora", diosa de la fertilidad.

Quien tenga o haya tenido la oportunidad de

viajar a Brasil o Portugal, notará que los días son simplemente: domingo, segunda (lunes), tercera, cuarta, quinta, sexta y sábado (en portugués: *terçá* y *quarta* para tercera y cuarta). Es interesante ver que el domingo se considera el primer día de la semana y no el último como hacemos habitualmente nosotros.

Nuestro calendario se originó en 1582 y es una modificación para corregir el *Calendario Juliano* utilizado hasta ese momento, el que fuera instaurado en el año 46 AC bajo el gobierno de Julio Cesar en Roma. El *Calendario Juliano* tenía el pequeño problema de atrasarse 1 día cada 128 años.

El año 325 en el Concilio de Nicea (reunión de obispos de la iglesia católica), se fijó la celebración de la *Pascua*, fiesta religiosa, para el domingo siguiente a la luna llena posterior al equinoccio de primavera en el hemisferio norte, equivalente al equinoccio de otoño para nuestro país, quedando la celebración para ese año fijada el día 21 de marzo. Durante el siglo XVI en la Universidad de Salamanca (en lo que hoy es España) se realizaron dos investigaciones, la primera en 1515 y una segunda en 1578, que dieron cuenta de un desfase en los equinoccios del año (día del año en que la noche y el día tienen la misma duración). Si consideramos que un año es el tiempo en que la tierra da una vuelta completa alrededor del sol, estos fenómenos deberían repetirse en fechas iguales todos los años, sin embargo, con el paso de del tiempo el equinoccio se había atrasado 11 días desde el 325. Para corregirlo, en 1582 el papa Gregorio XIII decretó que el jueves 4 de octubre de 1582 sería seguido por el viernes 15 de octubre, es decir se produjo el salto de 11 días. La *Comisión del Calendario*, formada para estudiar esta situación, descubrió que el error original fue el cálculo de la duración del año. Los romanos la establecieron en 365,25 días, mientras que la comisión determinó que la duración más exacta de un año era de 365,242189 días. Esos 11 minutos extra, habían generado una diferencia acumulada de casi 11 días, desde que se fijó la fecha de pascua en el Concilio de Nicea el año 325 hasta 1582.

En el nuevo calendario los nombres de los meses continuaron siendo los originales romanos. Siendo enero el nombre derivado de *Jano* dios romano de los portales. *Januarius* en latín derivó a *janeiro – janero* y de este al castellano *enero*. En inglés aún suena *january* mientras que en portugués es *janeiro*. La ciudad de Rio de Janeiro "*Rio de enero*" toma su nombre de este mes. Febrero proviene de *februa* festival de purificación; marzo de *Marte,* dios romano de la guerra; abril de *aprilis – aperio –apaerire – apertus - abrir,* este mes coincide con la primavera en el hemisferio norte, época en que se abren las flores. Aunque Ovidio poeta romano lo relaciona con *Aphrodite* o Afrodita, diosa griega similar a la *Venus* romana. Mayo proviene de *Maia* (pequeña madre) diosa de la abundancia; junio de *Juno,* diosa romana del matrimonio; julio recibe su nombre en honor a Julio Cesar, gobernador romano, bajo cuya administración se originó el calendario Juliano; mientras que agosto fue llamado así en honor Augusto, nombre que asume Cayo Octavio al convertirse en el primer emperador de Roma. Septiembre - octubre - noviembre - diciembre provienen de séptimo – octavo – noveno - décimo, nombres que indican el mes y la posición de éstos en el antiguo *calendario juliano.*

Si bien el calendario se ajustó, en el futuro tendremos un problema similar ya que el *calendario gregoriano* que utilizamos hoy se atrasa un día cada 3324 años, por las diferencias en segundos y milésimas de segundo acumuladas.

El día de 24 horas, la hora de 60 minutos y el minuto de 60 segundos, acompañan al mundo desde la época de los *Sumerios*, pueblo que originó la primera gran civilización de la historia, hace unos 5000 años. Probablemente la semana de 7 días también fue utilizada por ellos, aunque el nombre semana proviene del latín *septimania,* que a su vez proviene de *septem* "siete", por la cantidad de días que posee.

La sigla AM, Antes de Meridiano o PM, Pasado Meridiano, hacen referencia a la posición del sol en el cielo. El medio día corresponde al momento en que el sol alcanza su punto más alto, lo que se denomina *cenit.*

La línea imaginaria que cruza este punto de norte a sur es el meridiano celeste. Hasta antes de que el sol esté en el meridiano del cenit es AM y cuando lo pasa y comienza su descenso (para nosotros) es PM. El medio día se hace coincidir con las 12:00 horas, momento en que las estaciones de bomberos hacen sonar brevemente sus sirenas. Sin embargo, el medio día oficial no siempre corresponde exactamente al mediodía solar. Hoy 8 de mayo de 2020 en que comienzo a escribir, el sol está en su parte más alta del cielo a las 12:39. Esto es debido al movimiento relativo que tiene el sol durante el año de norte a sur, en invierno está más alejado hacia el norte mientras que lo percibimos directamente sobre nuestras cabezas en verano. El sol se desplaza progresivamente de norte a sur según la estación. Hacer coincidir el medio día oficial con el solar implicaría cambiar la hora constantemente.

El baño

Luego de pensar en todo esto, apago mi despertador. Lo primero que hago al levantarme es entrar al cuarto de baño, o simplemente *baño*. En mi casa tengo dos, uno con ducha y otro solo con taza y lavamanos. Por extensión denominados baño a todo cuarto de este tipo, aunque no tenga la finalidad de bañarse. En inglés se habla de *bathroom* en una casa (cuarto de la bañera) o *restroom* en un espacio público (cuarto de descanso). La taza o inodoro (sin olor) se denomina *toilet*, WC o *wáter closet*, algo así como depósito de agua cerrado. De la misma forma utilizamos la palabra *Closet,* que en inglés designa un mueble o habitación pequeña que puede ser cerrada, para referirnos a un *armario* (antiguamente lugar para guardar armas, por eso lo útil de ser cerrado). El término actual más adecuado sería ropero, por su uso.

Ducha designa al chorro de agua que cae sobre el cuerpo. Por extensión denominamos *ducha* al espacio o cabina destinado en el *baño* y a la grifería utilizada. La palabra *ducha* proviene del francés *douche,* que a su vez tuvo su origen en el italiano *doccia,* derivado del antiguo latín *ductus* que significa "guiado" y que originaba la palabra *conductus* "conducto", referido a las tuberías o cañerías. Tienen el mismo origen la palabra *aquaeductus* (acueducto) y *conducir:* "guiar".

Otro componente del *baño* es el lavamanos, artefacto derivado del lavatorio, recipiente utilizado para mantener agua y asearse. Si lo pensamos bien, el funcionamiento de este artículo no ha variado mucho. Antiguamente se debía ir a buscar agua a una fuente, pozo, río, etc. hoy en día, el agua llega hasta nuestro lavatorio dejándolo fijo y agregándole un desagüe controlado por un tapón de goma para acumular un poco de agua y lavarse.

Por lo general utilizamos jabón, este producto muy probablemente fue descubierto accidentalmente como resultado de los sacrificios de animales que realizaba la mayoría de los pueblos en la antigüedad.

Desde las primeras religiones, el ser humano ha tratado de agradar a los dioses dándoles uno de los elementos más preciados, el alimento. La única forma en que podían hacerlo llegar al cielo era como humo, que se elevaba desde los puntos destinados al sacrificio. En la antigua sumeria (Mesopotamia) se construyeron enormes zigurats para estar más cerca de los dioses y realizar las ofrendas. El ritual consistía, por lo general, en el degollamiento de una cabra, cordero u otro animal y su posterior incineración. Al mezclarse cenizas con grasas se forma una sustancia jabonosa que se limpia fácilmente con agua. Se estima que el jabón ya era conocido hace unos 3.000 años atrás, siendo utilizado por los galos y llegando por los romanos hasta nosotros. Hoy en día, el jabón se fabrica con aceites y sustancias alcalinas como la soda cáustica.

Otro producto común para el aseo, es el *dentífrico*, más comúnmente llamada *pasta de dientes*. Esta palabra proviene del latín *dentis* (diente) y *fricare* (fregar, friccionar). El *dentífrico* es un producto que ha estado en la humanidad desde la antigüedad, teniendo siempre como característica ingredientes abrasivos como la piedra pómez molida, sal, pimienta, cáscara de huevo, conchas molidas, polvo de ladrillos, etc. Los romanos, que ya utilizaban *orina* entre otros elementos para lavar la ropa (por el contenido de amoniaco), no dudaron en incorporarlo a la mezcla. ¿Se imaginan usando estos elementos abrasivos para cepillar los dientes? No es necesario imaginar mucho ya que se siguen utilizando, pero pulverizados de forma muy fina, como el *carbonato de calcio* u otros componentes en forma de cristales.

Un artículo que no puede faltar en nuestros baños es el *confor*. Confort es una marca de papel higiénico de la Compañía Manufacturera de Papeles y Cartones (CMPC). Muchas veces el uso cotidiano de las marcas hace que los productos sean denominados con sus nombres, lo mismo ocurre con *Gillette* marca de hojas de afeitar, *jacuzzi* marca de tinas de hidromasaje o *"la nova"* para designar toallas de papel, aunque no sean de esta marca. Un dato interesante es que confort es una palabra que proviene del francés (galicismo), y utilizado en nuestro idioma es considerado un *vicio del lenguaje*, sin embargo, no tiene palabra de equivalencia exacta en castellano.

El desayuno

Para los días fríos como hoy, en la mayoría de las casas se utilizan estufas, ya sean a gas, a parafina o eléctricas. Antiguamente la estufa era el equivalente a la *cocina*, no se disponía de una fuente de calor diferente para calefaccionar y para cocinar. Estufa proviene del latín e*xtufa* y *extufare. Typhus* es el equivalente a vapor o humo y tiene el mismo origen de la palabra *tufo*: emanación de gases. *Ex typhus* significa algo similar a "expulsador de vapor". Una vez encendida la estufa prepararemos el desayuno.

Ayunar es dejar de comer, mientras estamos despiertos normalmente consumimos alimentos continuamente: en la mañana, a medio día y en la tarde, pero mientras dormimos por la noche, podemos estar de 6 a 10 horas sin comer ni beber agua, es decir, ayunamos. El primer alimento de la mañana al despertar se denomina *des-ayuno*, es decir, dejar de ayunar (*des* del latín *dis* que representa la inversión del significado de un vocablo).

Para desayunar lo primero es poner la *tetera*. Como su nombre lo indica la tetera es el recipiente en donde se prepara o preparaba el té. Hasta no hace muchos años el té se vendía en hojas sueltas picadas, no en bolsitas individuales con papel filtrante como es común ahora. Para preparar té era necesario depositar las hojas dentro de la tetera, agregar un poco de agua y calentarla en la cocina para extraer el color y sabor, luego se echaba un poco de este líquido concentrado a una taza y se completaba con agua caliente. Hoy en día la tetera sólo se utiliza para calentar el agua, al igual que los hervidores eléctricos. Aunque aún es posible encontrarlo en hoja, la mayor parte de la gente compra té en bolsitas para una sola taza.

El té es la infusión, bebida preparada con agua caliente, de la planta *Camellia sinensis,* sin embargo, se utiliza el vocablo *té* para cualquier preparación similar, por lo que podemos hablar de *tés* de diferentes hierbas. El que se consume en Chile proviene principalmente del país insular denominado en la actualidad Sri Lanka. Esta isla conocida antiguamente como *Lanka,* fue ocupada por diferentes países entre los años 1600 y 1800, transformándose finalmente en colonia británica el año 1802, adoptando el nombre *Ceilán.* El año 1948 se independizó y en 1972 cambió su nombre a *Sri Lanka.* Sin embargo, hasta el día de hoy, las empresas de *té* utilizan el nombre inglés *Ceylon* para denominar el origen del producto (puedes ir a ver la caja).

Hasta fines del siglo XVIII tomar *mate* en Chile era tan común como en Argentina, Uruguay o Paraguay. La palabra *mate* designa tanto a la yerba, conocida antiguamente como *yerba de los Jesuitas*, a la infusión y a la vasija utilizada, que tradicionalmente corresponde a una calabaza pequeña. A mediados del 1700 se hizo necesaria en la ciudad la construcción de un nuevo puente sobre el rio Mapocho, para financiarlo se creó un impuesto a la yerba mate lo que aumentó su costo. Esto hizo que el común de la población fuera prefiriendo cada vez más el té sobre el mate, perdiéndose con el paso de los años la costumbre de consumirlo en nuestro país.

Para calentar el agua utilizamos una cocina, es muy normal tomar un encendedor o fósforos para encenderla, sin embargo, no siempre fue así. Hasta el año 1956, aproximadamente, la mayor parte de las cocinas funcionaban con electricidad o leña, como las que aún se utilizan en las zonas sur y austral del país.

A fines del siglo XIX se descubrieron como subproductos del petróleo el *butano* y el *propano*. Estos gases inflamables son fácilmente licuables, por lo que fue relativamente sencillo envasarlos y transportarlos. En 1934 el francés Jean ingléssi inventó el balón de gas de uso doméstico (suele confundirse el balón de gas con la palabra galón, unidad de medida equivalente a 3,78 litros). En Chile la venta del gas licuado comenzó en los años 1960 y las cocinas comenzaron a cambiar desde entonces.

El encendedor a gas fue inventado en 1948 y, a diferencia de la mayoría de los actuales, era recargable. La empresa que comenzó fuertemente a introducir productos desechables, entre ellos el encendedor no recargable fue BIC, si, la misma de los lápices, de los que hablaremos más adelante.

El fósforo actual tiene su origen en el

descubrimiento del elemento químico denominado fósforo por el alquimista alemán Hennig Brand en 1668. En 1680, otro científico llamado Robert Boyle, considerado el primer químico moderno, puso un poco de este elemento en un papel y lo frotó con una madera impregnada con azufre logrando combustión, fuego. Desde entonces se desarrollaron varios tipos de *fósforos*, desde algunos que se prendían al contacto con el aire hasta otros que requerían entrar en contacto con ácido para encender. En 1827 un farmacéutico inglés llamado John Walker, mientras intentaba fabricar un explosivo, descubrió que una de sus mezclas químicas se encendía al friccionarla con cualquier superficie, fabricando así fósforos fácilmente inflamables. Luego de otras tantas variantes, el inventor sueco Gustaf Erik Pasch, desarrolló en 1844 un sistema más seguro de encendido, haciendo que los fósforos solo ardieran al frotar dos componentes químicos específicos. Estas cerillas, que luego fueron mejoradas hasta el día de hoy, se denominan fósforos de seguridad, término que puedes encontrar en las cajas actuales.

Dentro de los alimentos comunes para el desayuno en Santiago de Chile tenemos el pan. Somos el segundo país que más consume en el mundo después de Turquía (país con territorio en Asia y Europa). Nuestro pan es único, la marraqueta y la hallulla difícilmente son encontradas en otras partes del mundo, al menos en la forma particular en que se encuentra en

Chile. La marraqueta era conocida hasta hace pocos años como pan francés o pan batido, términos que aún son utilizados en algunas zonas de nuestro país. El pan es elaborado con harina, sal, materia grasa y levadura. Debemos considerar que la harina es el polvo resultado de moler cualquier tipo de grano, tubérculo, u otro alimento sólido. Lo que consumimos normalmente es harina de trigo, pero bien podríamos utilizar harina de arroz, como en las preparaciones de comida China o harina de maíz, como los tacos o los nachos de origen mexicano. La sal común, es el nombre del compuesto *NaCl* o *Cloruro de Sodio*, abundante en el mar y salares alrededor del mundo. Antiguamente, antes que existieran medios de transporte como camiones o trenes, disponer de sal en los pueblos alejados de la costa era un verdadero lujo, ¿te imaginas cuánto demoraban antiguamente las carretas o burros en traer sal desde la costa a Santiago? Hoy en día solo es necesario ir al supermercado o al almacén (de almacenar: guardar, acumular) y comprar un kilogramo (kilo: mil, kilogramo: mil gramos) de sal refinada. ¿Por qué refinada? La sal de mar contiene muchos más compuestos que NaCl, entre ellos, calcio, cloruro de magnesio, potasio, yodo, manganeso y otros elementos indeseables como plancton y restos de vida animal y vegetal, el proceso de refinado los elimina casi totalmente dejándola apta para el consumo humano. Mucha de la sal proveniente de *salares* es utilizada en países o ciudades frías para evitar la acumulación de hielo o la formación de escarcha. En Chile, la ciudad de Punta Arenas ubicada en el extremo sur, amanece habitualmente durante el invierno con sus calles cubiertas con uno o dos centímetros de hielo, lo que se evita cubriéndolas con sal.

El pan, por lo general, se unta con mantequilla (palabra diminutiva de manteca). Si alguna vez hierves leche entera podrás notar que al enfriarse forma una capa de nata o grasa en la superficie, si la extraes con una cuchara y la bates, agregando una pizca de sal, habrás elaborado mantequilla.

Otra opción para el pan es la margarina que, a diferencia de la mantequilla, es elaborada con aceites vegetales. La margarina fue creada como una alternativa económica a la mantequilla, que no siempre estaba al alcance de todos. Su nombre proviene del *ácido margárico* descubierto en 1813 por el químico francés Michel Chevreul, y que fue denominado así por su color blanco (la palabra margarita tiene su origen en el griego *margarites* que significa *perla* y denomina actualmente a las flores blancas *bellis perennis).* En 1860, el gobernante francés Napoleón III ofreció una recompensa a quien pudiera inventar un sustituto económico para la mantequilla. Esto fue logrado por el químico Hippolyte Mege-Mouries quien nombró a su invento *oleomargarina* y que luego acortó a *margarina.* Actualmente la receta es diferente y se fabrica principalmente con aceites vegetales, pero el producto sigue siendo similar a la mantequilla.

Otra alternativa común para untar el pan es el *paté*, término francés que designa una pasta elaborada, por lo general, con hígado de vacuno o ave. Es muy probable que el origen del nombre fuese la palabra *paste* (pasta).

Los que prefieren algo dulce pueden optar por el manjar de leche. *Manjar* es la palabra que se utiliza para calificar un alimento de sabor "exquisito, delicado o apetitoso". Un producto que cumple con esta descripción es la preparación de leche condensada (espesa) y caramelo denominada *dulce de leche*, su sabor es tan apreciado, que se considera un manjar hecho de leche, o *manjar de leche*. De la misma forma se considera a las ostras un *manjar del mar*.

Los embutidos son otro de los productos preferidos por los chilenos para el *sándwich*. Un embutido es una preparación de carne y especias (aliños) que se introducen o embuten en una tripa o similar, generando la forma típica de salchicha. Salchichas hay muchos tipos, las más comunes son la *salchicha de Viena* (ciudad capital de Austria), *salchicha vienesa*, o simplemente *vienesa*, que es utilizada para preparar completos. La *mortadela*, originaria de Bolonia, ciudad del norte de Italia, es un embutido preparado con carne de cerdo que en Chile encontramos en dos variedades, una lisa y otra con trozos de jamón, denominada *mortadela jamonada* o simplemente *jamonada*. El *salame*, es un embutido salado secado al aire y elaborado con una mezcla de carnes ahumadas. Hasta hace pocos años era común el *Turín*, que ya no se encuentra en tiendas. Dentro de la producción típicamente chilena tenemos el queso de cabeza, picadillo de cabeza de cerdo; y el arrollado huaso, elaborado puramente con carne de cerdo aliñada por uno o dos días y envuelta en cuero.

Otro producto de alto consumo son los quesos, alimentos elaborados con proteínas de leche madurada por bacterias. En Chile los más comunes son: el *gauda*, cuya receta es originaria de los Países Bajos (Netherlands, mal llamada Holanda) y que es elaborado 100% con leche de vaca (a diferencia de otros quesos europeos); y el queso *chanco*, originario de la ciudad con el mismo nombre en la Región del Maule, que tiene la característica de estar más madurado, presentando un sabor intenso. Es interesante saber que difícilmente se encontrarán estos quesos fuera de Chile. En Argentina, por ejemplo, el más consumido sin duda es la *mozzarella*, junto a otros como el *port salut, sardo, tybo* y *reggianito*.

La conservación de todos estos alimentos es posible, actualmente, gracias a la existencia del refrigerador. Muchas veces se escucha el término *frigider* para referirse al refrigerador, esto tiene su origen en la marca Frigidaire que en 1916 fabricó y comercializó el primer refrigerador bajo el nombre *Guardian Frigerator Company* en Indiana - Estados Unidos y adoptando el nombre *Frigidaire* en 1918. La parte más fría la conocemos como *freezer*, término inglés que significa *congelador* o *congeladora*.

Con nuestro té y un sándwich podemos tomar tranquilamente desayuno a diario. En 1729 un noble de nombre John Montagu asumió como el IV conde de *Sandwich*, pueblo ubicado en Dover, Inglaterra. Este político tenía una costumbre extraña para la época, en vez de comer trozos de pan y trozos de queso, embutidos, etc. prefería partir el pan, poner el relleno en una mitad y taparlo con la otra. Esta forma de comer los alimentos en forma de emparedado (entre paredes de pan) fue conocida como *sándwich*, por la extraña costumbre de este conde, que ha llegado hasta nosotros.

El té personalmente lo prefiero endulzado, para esto puedo utilizar azúcar u otro edulcorante, o sustancia que edulcore, es decir, que dote de un sabor dulce a un alimento o producto. Azúcares es el nombre que reciben una serie de hidratos de carbono (carbohidratos o glúcidos) que tienen sabor dulce, no todos los carbohidratos son dulces por lo que no todos son azúcares. Existen azúcares simples como la glucosa, fructosa, galactosa; azúcares dobles o disacáridos (compuestos por dos monosacáridos) como la maltosa, lactosa, sacarosa y los trisacáridos, maltotriosa y rafinosa compuestos por tres monosacáridos. La que denominamos comúnmente azúcar es la sacarosa, que se obtiene en Chile principalmente de una planta denominada *remolacha*, mientras que en américa central se extrae de la caña de azúcar.

El azúcar era conocido ya hace más de 6000 años y tiene sus orígenes y primera distribución en las zonas de Nueva Guinea, India y China, llegando cerca del año 510 AC hasta Persia en Mesopotamia. En el siglo VII, los árabes comienzan una expansión territorial ocupando, entre otros lugares, Persia, en donde conocen el azúcar; Egipto, en donde posteriormente se inventaría un sistema para refinarla y España, desde donde llega hasta América. Hasta el día de hoy los dulces árabes son famosos en todo el mundo.

Dentro de los edulcorantes más comunes tenemos la *sucralosa*, fabricada a partir del azúcar y con casi la misma cantidad de calorías. Tiene la importante característica de ser unas 600 veces más dulce por lo que se utiliza muy poca cantidad, además de tener una muy baja absorción por parte del organismo (entre un 11% y 27%), por lo que su aporte calórico final es muy bajo. El *aspartamo* es un edulcorante artificial de 150 a 200 veces más dulce que el azúcar, fue "descubierto" accidentalmente por James Schlatter mientras trabajaba en un medicamento para las úlceras, es elaborado a partir de aminoácidos (componentes de las proteínas) fabricados en laboratorio. Por último, la *Stevia rebaudiana* es una planta utilizada hace más de 1500 años por los habitantes del centro de Sudamérica para endulzar diferentes tés. El cultivo de esta planta para obtener edulcorantes y comercializarlos, comenzó recién en 1970, siendo más popular en los años 80. En nuestro país su ingreso y masificación fue mucho más tarde.

Para el desayuno mi hija prefiere comer cereales. Los carbohidratos en la dieta constituyen las principales fuentes de energía para el cuerpo. En Chile, como mencioné anteriormente, el consumo de pan elaborado con harina de trigo, rica en carbohidratos, ocupa el segundo lugar en el mundo por habitante, sin embargo, las costumbres en otros países son muy variadas. En los Estados Unidos, por ejemplo, huevos revueltos, tocino y café son muy comunes y son acompañados con un pequeño corte de pan de molde o tostadas. El bajo consumo de cereales como el trigo, que aportan energía, fue utilizado como oportunidad de negocio por las compañías fabricantes de alimentos a través de la producción de *cereales para el desayuno*, dándole diversas formas y colores a las harinas de arroz, trigo o maíz, y fomentando su consumo en este país. ¿Necesitábamos en Chile consumir cereales para el desayuno? Estas compañías, para aumentar sus ventas, fueron las responsables de explotar una frase publicitaria que hasta el día de hoy nadie pone en duda, aun cuando el sentido común dice otra cosa, ¿cuál es? que *"el desayuno es la comida más importante del día".*

El "cereal para el desayuno" se sirve con leche. En nuestro país la leche se vende siempre en envases *tetrabrick* o similares. Tetrapack es una empresa multinacional fundada en Suecia en 1951, que ideó una forma de envasar líquidos de forma aséptica (sin gérmenes), uniendo el procesamiento de *Ultra Alta Temperatura* (UAT o UHT, puedes ir a ver el envase de la leche). Este proceso, unido a las seis capas que forman las cajas actualmente, permite mantener la leche sin adición de conservantes hasta por nueve meses y es vendida por las empresas productoras como *Leche Larga Vida*. Las más conocidas son SOPROLE, (Sociedad de Productores de Leche) creada en 1949, que a lo largo de los años compró otras empresas como Lácteos Pirque y Dos Álamos, y hace pocos años intentó fusionarse con la gigante suiza Nestlé, sin éxito. Esta fusión fue evitada por la Fiscalía Nacional Económica para mantener la competencia y evitar el alza de precios de los lácteos (leche y sus derivados). Colun, Cooperativa Agrícola y Lechera de la Unión, es una empresa fundada en 1949 que reúne a una importante cantidad de productores de leche, de diverso tamaño. En la zona sur de Chile, en particular las regiones *de los Lagos* y *de Los Ríos*, es común ver en pequeñas y medianas granjas tambores de acero inoxidable llenos de leche a orillas de los caminos rurales, esperando ser retirados para ser procesados y comercializados. CALO (Cooperativa Agrícola y

Lechera de Osorno) y Loncoleche (juego de palabras que une leche y Loncoche, ciudad de la provincia de cautín en la Región de la Araucanía), son otras de las marcas conocidas, ambas constituyen una sociedad desde 1963 y fueron adquiridas por la sociedad Watt`s (más conocida por sus mermeladas) en 1981.

La Vestimenta

Terminando de desayunar las niñas se quitan el pijama y cada uno se viste para la ocasión. La palabra *pijama* proviene de término hindú (el idioma es hindi) *paeyama,* que a su vez tiene su origen en una palabra *persa* con un sonido similar y designa a un tipo de pantalón ancho. Si bien el término y la prenda son originalmente *persas*, el pijama llegó a nosotros a través de los ingleses quienes ocuparon la India desde 1757 hasta 1947. En el siglo XVIII el uso del *pijama* se popularizó en Europa con la importación de estos pantalones desde Persia.

Los estudiantes en Chile, por lo general, utilizan uniforme escolar. La palabra *uniforme* proviene del latín *uniformis* que significa simplemente "una forma". La obligatoriedad del uso de un uniforme en el colegio comenzó recién el año 1930, bajo la presidencia de Carlos Ibáñez del Campo. Actualmente para las niñas consiste en un *jumper*, palabra inglesa que significa "saltador" y una blusa, mientras que los niños utilizan normalmente pantalón, camisa y corbata.

En la antigua Grecia y Roma, las prendas de vestir eran muy simples, rara vez pasaban de ser un trozo de tela que envolvía el cuerpo o una túnica ajustada a la cintura con lazos o cintos (como cinturón). En la decadencia de Roma ya por el siglo IV, los visigodos introdujeron en el sur de Europa una nueva costumbre. Estos pueblos, que venían de sitios más fríos al norte, tenían el hábito de utilizar vestimenta más pesada y ajustada y, en el caso de los hombres que combatían y cabalgaban, la usaban dividida para cada pierna. Con el paso del tiempo esta costumbre se hizo popular en Europa y los pantalones pasaron a formar parte de la vestimenta de occidente.

Durante la denominada *fiebre del oro*, iniciada en 1848 con el descubrimiento del metal en California (USA), una gran cantidad de hombres y mujeres de todo el país viajaron hasta este estado. Ante la oportunidad y la alta demanda de ropa de trabajo, un comerciante originario de Baviera, instaló una tienda en la ciudad de San Francisco. Al comienzo no fue muy exitoso ya que las prendas que ofrecía no eran lo suficientemente resistentes y se desgarraban con facilidad con el peso de las herramientas, por esta razón, junto a su socio, comenzaron a fabricar ropa a partir de una resistente tela azul y a reforzarla con remaches de cobre. Estos pantalones fueron patentados con el nombre "pantalones azules", en inglés *blue jeans*, y su creador fue Levi Strauss. La conocida marca también fue responsable del diseño y venta del producto *freedom-alls*, *"libertad para todos"*, destinada principalmente a mujeres. Esta prenda consistía en la unión pantalón-blusa, lo que permitía más libertad y movimiento. Con el tiempo su forma fue evolucionando convirtiéndose en lo que hoy conocemos como *jardinera*.

La corbata tiene su origen en los jinetes del ejército de Croacia, quienes utilizaban un lazo amarrado al cuello como parte de su uniforme en el siglo XVII. Los italianos la denominaron *cravatta*, derivado de *croata*, y en español tomó la forma *corbata*.

Para hacer educación física, los niños por lo general utilizan pantalón corto o *short* en los días calurosos, esta palabra proveniente del inglés significa "corto". Es interesante notar que en este idioma se utiliza *short* para designar un pantalón corto y *shorts* para otro aún más corto. Un tipo de *short* muy utilizado son *"las bermudas"*. La *Bermuda* es una isla en el océano atlántico cerca de los Estados Unidos que forma parte del territorio británico. En este lugar nació como prenda formal, un pantalón corto y amplio, apto para el clima húmedo y caluroso, el que debía acompañarse con calcetas largas. Fue ampliamente utilizado posteriormente por el ejército británico, sobre todo en las guerras mundiales y conocido como *bermudas* por su origen.

Dentro de las prendas de ropa interior tenemos los *boxers*, especie de calzón reforzado utilizado originalmente por los boxeadores, de ahí su nombre. Las palabras *calzoncillo* y *calzón* tienen el mismo origen, el que incluye a todas las prendas que cubren las piernas desde los pies a la cintura, partiendo desde el *calzado*, del latín *calceus* (zapato), pasando por *calcetín, calceta, calza, media calza, calzón*, y su diminutivo *calzoncillo*. De ahí provienen también las palabras *medias*, y *panti media*, siendo *panti* la prenda especialmente delgada y elástica. La palabra *sostén* designa cualquier cosa que sirve para soportar un peso y da nombre a la prenda que se utiliza para apoyar las mamas. Como todos sabrán las mujeres poseen dos mamas, un pecho y un seno (espacio entre sus mamás). Para que una mujer tenga dos pechos tendría que tener dos troncos y si tuviera dos senos tendría que disponer de tres mamas lo que claramente no es así. Actualmente por extensión las palabras *seno* y *pecho* se han transformado en sinónimos de *mama*.

Bikini, es una isla formada por un arrecife de coral con una laguna al centro, lo que se denomina *atolón*. Este atolón ubicado en el océano pacífico, fue utilizado por los Estados Unidos para realizar cerca de 20 detonaciones nucleares desde 1946. Ese mismo año el ingeniero francés Luis Reard diseñó una nueva prenda para usar como traje de baño, consistente en un pequeño sostén y un pequeño calzón. Por aquellos años lo común era usar trajes de baño de una pieza o de dos, pero mucho más amplias que las actuales. Como la noticia de las pruebas nucleares estaba en boca de todos, utilizó el nombre *bikini* para su creación. Sin embargo, una historia cuenta que, la única mujer que se atrevió a modelar esta prenda llamada Micheline Bernardini, le habría dicho que la presentación del nuevo traje de baño iba a ser una bomba más grande que la detonada en *Bikini* días antes, lo que habría inspirado a Luis Reard para nombrarlo así.

El Maquillaje

Mi pareja, al igual que la mayoría de las mujeres y algunos hombres, se maquilla.

Maquillarse es una práctica tan antigua como la humanidad por lo que no ahondaré en su historia. El concepto se origina en el francés *maquiller* proveniente de *macquiller – makier- makjan*, del holandés *macon* y del germánico *mag*. Todas estas palabras tuvieron su origen en el griego *makhene* que se utilizaba como *hacer*, en el sentido probablemente de amasar, ya que deriva de una palabra que designa *masa*, quizás *makhene* se utilizara para el *"hacer pan"* o *"hacer comida"*, uso que aún se mantenía en *mag*. Con el paso de los años, el concepto se utilizó para referirse a *hacer* de forma general. De *makhene* se deriva la palabra máquina, aparato que *hace* un trabajo. La palabra *maquillage* comenzó a ser utilizada en el teatro francés durante el siglo XIX y su significado hacia referencia a *trabajar* o quizás a *hacerse*, en el sentido de la preparación del personaje antes de entrar a escena. En inglés el sentido original de la palabra *maquillar* se mantiene en el término *makeup* que se forma por *make* (hacer) y el sufijo *up* que otorga la idea de *comenzar*. En castellano el significado original se ha perdido y es asociado unicamente con pintar, colorear o aplicar cosméticos principalmente en el rostro.

Los maquillajes mas comunes son el lapiz labial o *"ruch"*, sonido que proviene del francés *rouge* que significa rojo. El *rimel* o máscara de pestaña, debe su nombre a la marca y al creador de una versión no tóxica de este producto, el francés Eugène Rimmel. Finalmente *colorete,* es un diminituvo o despectivo de color (como *copete* es de copa y *vejete* es de viejo) y se utiliza como *rubor* artificial que se aplica en las mejillas. *Rubor* es el enrojecimiento natural que aparece en el rostro, asociado a un sentimiento de vergüenza.

2. La Casa

Ventanas

Antes de salir de casa, lo más probable es que nos asomemos por la ventana para ver cómo está el tiempo. *Ventana* es una palabra que proviene del latín *ventus*: viento, y tiene el mismo origen que los conceptos *ventilar* y *ventilador*. En inglés el término utilizado para *ventana* es *window*, siendo *wind* la palabra que designa al viento, aunque también utilizan la palabra *vent* para referirse a un hueco de ventilación que, a diferencia de las ventanas, es pequeño y no permite el ingreso de la luz.

Lo común en las casas actuales son las ventanas con marcos de aluminio. Antiguamente las ventanas tenían pesados marcos de fierro que aún se mantienen en algunas viviendas. El aluminio es un metal liviano y resistente que se convirtió, desde mediados del 1900, en la primera opción para una amplia gama de usos. Si bien este metal era conocido desde la antigüedad, no fue hasta el descubrimiento de un método más eficiente y económico para extraerlo en 1889 lo que permitió su uso extendido, terminando por popularizarse a mediados de la década de 1960. El método es conocido como *proceso Bayer* y fue desarrollado por el austriaco Carl Josef Bayer, hijo de uno de los fundadores de la empresa químico-farmacéutica *Bayer*, famosa por la *aspirina*.

Las Habitaciones

En general una casa se compone de una serie de habitaciones comunicadas por puertas o *vanos*, palabra que designa en general al espacio entre dos apoyos, en particular en donde se ubican puertas y ventanas, pero también a los pasos similares abiertos. *Vano,* tiene el significado de vacío, falto de sustancia o inútil y tiene el mismo origen que la palabra *vanidad*. En Chile circula una revista denominada *Vanidades* que, por lo que se puede deducir, debe tratar solo temas vacíos e insustanciales. La palabra *puerta* tiene su origen en la raíz *per,* que conlleva la idea de "pasar a través de", tiene el mismo origen que las palabras *permitir* "dejar pasar" o *pernoctar* "pasar la noche".

Dentro de las principales habitaciones están los dormitorios (de dormir), el comedor (de comer), los cuartos de baño, la sala de estar que comúnmente denominamos con el término inglés *living*, proveniente de *living room* o habitación de estar (en realidad *living* significa vivir) y el cuarto de cocina. En el caso de los departamentos o casas de dos pisos se puede contar con un balcón, palabra derivada de *balko* que probablemente significaba viga o soporte. Se conserva en el alemán *balkone* y en el italiano *balcone* entre otros, con el mismo significado que le damos nosotros.

El patio

Salgamos ahora de la casa, lo común es encontrarnos con un antejardín, zona entre el límite de la propiedad y el comienzo de la construcción. En Chile por normativa este espacio debe ser de a lo menos 3 metros, considerando que en el futuro este terreno pueda ser expropiado (comprado por el estado) para la ampliación de las calles. En los sectores antiguos como en el que vivo, las casas se caracterizan por no tener antejardín ni entrada de vehículos, lo primero porque la norma no lo exigía cuando estas casas fueron construidas y lo segundo porque tener un vehículo era poco frecuente. En 1940 el número total de vehículos motorizados en el país era de 47.710 (33.404

automóviles y 14.306 camiones) en comparación hoy circulan, solamente en la ciudad de Santiago, cerca de 1.700.000 vehículos.

Lo más popular tanto en antejardines, patios interiores, veredas y parques, es el uso de césped (agrupación tupida de plantas sin tronco, en particular pasto). Esta costumbre proviene de la edad media. En aquella época todo campo era utilizado para proveer alimentos, las hambrunas que mataban a miles eran algo común, bastaba solo un invierno poco lluvioso o más frío de lo normal y las cosechas se perdían dejando de alimentar, y matando por hambre a parte de la población. En medio de este mundo, surge en los castillos de los nobles y aristócratas de Inglaterra y Francia, la costumbre de mantener césped en enormes parques como demostración de riqueza y símbolo de poder. Utilizar tierra y recursos a plantar algo diferente a trigo u otros alimentos, solo con fines puramente decorativos, constituía un verdadero lujo, y mantener estos prados era un claro símbolo de estatus, considerando que debía haber un importante número de trabajadores para mantenerlo (no existían cortacésped ni riego automático) y se tenía que disponer de agua en abundancia. Siguiendo el ejemplo, otros grupos sociales de la época comenzaron a tener sus propios espacios cubiertos de césped. Al día de hoy esta costumbre se sigue copiando sin que nadie reflexione mucho con su sentido, es muy común ver letreros *"no pisar el césped"* como si este fuera un lugar de adoración, que nos merece cuidados más allá de su uso, no es césped para que jueguen los niños, es césped por que sí. Por suerte no todas las personas copian cosas sin cuestionarse, gracias a ejemplos como los de japoneses y de la India, existen muchos que optan por jardines de piedra, mucho más limpios, secos, económicos y, sobre todo, porque se pueden pisar y no constituyen lugares sagrados por razones desconocidas.

Las casas que no son pareadas (que no comparten pared), se separan unas a otras con panderetas. En Chile, denominamos *pandereta* a la pared que tiene la característica de ser flexible y por lo tanto posee la capacidad de curvarse. El nombre tiene su origen en la palabra *pandus* que significa redondo, curvo o ideas similares, de donde proviene también la palabra *pandear,* es decir, curvar algo. Este uso solo se da en algunos países de hispanoamérica como Argentina, Perú y Chile. Siendo el término correcto *muro medianero.*

La calle

Saliendo a la calle, nos encontramos con el hecho de que solo disponemos de pequeñas vías para desplazarnos, la mayor parte del espacio no es para el caminante, sino que está reservado para los vehículos. El término *vereda* proveniente del latín *veredus* (caballo de viaje) y designa un camino estrecho para el tránsito de animales. Quien tenga la experiencia de conocer pasos montañosos, se habrá percatado que los caminos por donde andan caballos son apenas unas huellas, de pocos centímetros de ancho. En nuestra ciudad el ganado humano ha sido relegado a las veredas.

En las veredas es fácil encontrar árboles, entre ellos algunos tipos de acacias como los aromos. Estos árboles no son originarios de américa, fueron introducidos por los españoles en los primeros años de colonización y utilizados principalmente porque son poco exigentes: crecen en una amplia variedad de suelos y requieren poca agua. Las acacias, habitualmente son podadas para evitar su crecimiento desmesurado, ya que puede afectar el tendido eléctrico, que en ciudades mejor planificadas se distribuye en forma subterránea. Sin embargo, su poda entra también dentro de las prácticas cotidianas sin sentido. Mientras algunos argumentan el problema con las hojas durante el otoño y otros las necesidades de la planta, lo cierto es que en la mayoría de las acacias de la ciudad se encuentran deformaciones causadas por el exceso en la poda.

El plátano oriental (*Platanus orientalis*), debe ser por lejos la especie más conocida. Este árbol fue incorporado al paisaje urbano a comienzos del siglo XX, en los esfuerzos urbanísticos de la época, que incluían la construcción de parques y paseos en la ciudad. Su tamaño aporta una importante sombra en verano mientras que en otoño sus hojas hacen más agradable el paisaje de Santiago. Sin embargo, su fama actualmente se relaciona con la alergia que produce su polen a partir de septiembre. Pero si producía alergia ¿Por qué se optó por esta especie?, aquí es donde el tema se pone interesante. En un estudio realizado por María Fernández y Claudio Guevara, del Departamento de Ecosistemas y Medio Ambiente de la Universidad Católica, llegaron a la conclusión que en Santiago *casi no hay Plátanos orientales*, en cambio se encuentran sus parientes *Platanus hispánica* y *Platanus occidentalis*. El *Platanus hispánica* es un híbrido (mezcla de dos especies) y fue denominado en algún momento *Platanus orientalis var*, al considerarlo hasta hace unas décadas una variante del Plátano oriental. Esta confusión produjo que, por error, se utilizaran estas especies en todo Santiago, siendo las responsables del polen irritante.

3. El transporte

Siguiendo mi recorrido camino hasta la avenida principal para tomar locomoción (traslado de un lugar a otro) colectiva (a un grupo de personas).

Además de caminar, la ciudad pone a disposición varias opciones para transportarse dentro de Santiago de Chile, que no siempre están en todo el país. *Las micros* junto con el *Metro,* son las principales formas de movilización, por la gran cantidad de pasajeros que pueden transportar.

Las (los) micros

Originalmente se denominó *Omnibus* a los vehículos de transporte público. *Omnibus* es una palabra proveniente del latín y significa "para todos", lo que tiene mucho sentido, pero con el uso cotidiano esta palabra se acortó a *bus*. Algunas variantes de buses utilizados para el transporte público tenían un tamaño más pequeño que los originales, por lo que fueron denominados *microbuses*, y con el uso se redujo a *micro*. Popularmente hablamos de "la micro", aunque lo más correcto debiese ser "el micro (-bus)".

Si queremos tomar micro tenemos que ir a un paradero o parada. Antiguamente los transportes que salían de Santiago, contaban con diferentes paradas en las zonas rurales periféricas. Un buen ejemplo lo podemos ver en la Gran Avenida José Miguel Carrera. Trazada originalmente sobre el "camino del inca" que conectaba la Plaza de Armas con el *pucará* de Chena, fortaleza Inca en el sur de Santiago, fue el principal acceso a la ciudad por el sur. Cuando se implementó el tranvía que unió Santiago, con un pueblo ubicado al sur llamado San Bernardo, la empresa de ferrocarriles, además de nombrar las estaciones con los nombres de cada sector, les agregó un número, siendo la primera estación el *Zanjón de la Aguada* (paradero 1) y la última *San Bernardo* (paradero 41). Con el paso de los años estas paradas fueron utilizadas por los nuevos sistemas de transportes. Con el aumento de la población el transporte público requirió muchas más paradas o paraderos, sin embargo, aún se conserva la numeración como referencia en algunas avenidas principales como Santa Rosa, Vicuña Mackenna y la misma Gran Avenida.

La práctica cotidiana del uso de los paraderos para tomar micro es algo relativamente nuevo, no hace más de 20 o 30 años las personas hacían parar los buses en cualquier lugar, de preferencia las esquinas. Las regulaciones del transporte público terminaron con esta costumbre, prohibiendo la recogida de pasajeros en otro lugar que no sea el paradero establecido para cada recorrido. Sin embargo, esta regulación no se extiende a los microbuses interurbanos como los recorridos *Buin-Paine*, hecho que puedes comprobar cualquier día.

Hasta hace un par de décadas, para cancelar el pasaje se debía pagar directamente al conductor, quien entregaba un boleto (boleta) como comprobante. En ciertas ocasiones subía a *la micro* un fiscalizador de la empresa, quien se aseguraba que todos tuvieran su boleto con el fin de cuadrar los ingresos recibidos y evitar que los choferes conservaran parte de la recaudación. También era común que, en algunas esquinas, trabajadores informales colaborarán con los choferes a cambio de una propina, su función consistía en llevar un registro e indicarles a los choferes a cuánto tiempo estaban las otras micros de su mismo recorrido y las de la competencia, para mantener una distancia prudente que les permitiera recoger pasajeros. Debido a que los sueldos de los conductores eran proporcionales a la cantidad de pasajeros recogidos, se producían constantes carreras de micros por las calles de Santiago.

Con los intentos de mejorar el sistema público a principio de los años 1990, se produjeron varias innovaciones que tuvieron corta duración. Una de las primeras fue organizar y uniformar los buses. Antiguamente la mayoría de los vehículos de transporte público correspondían a microbuses. Cada recorrido pintaba sus máquinas de colores diferentes y utilizaba un nombre característico definido por el punto de origen y el de destino (*Colón-El Llano*, *Matadero-Palma*, *Recoleta-Lira*, etc). A partir de 1991, en 1994 y finalmente en 2003, se realizó una licitación del transporte público con nuevos recorridos designados. Con el fin de deshacerse de las antiguas micros sin perjudicar a los empresarios de transporte, el *estado* tuvo que desembolsar cerca de 14 millones de dólares para retirar 2600 buses de las calles.

Entre las nuevas exigencias de la licitación, estaban la utilización de buses nuevos (en 1994 con el cumplimiento de norma ambiental), el uso de un número identificador en los costados, utilizar el nombre en el frontis y el característico color amarillo, único para todo el sistema, por lo que fueron conocidas popularmente como las *micros amarillas.*

La resistencia a los cambios es algo común en todas las personas y aquí no fue diferente, desde los que se quejaban por la necesidad de memorizar qué números le servían para desplazarse, hasta quienes, acostumbrados a ver a la distancia los colores característicos de su recorrido, argumentaron que sus problemas visuales les impedían hacer uso del sistema.

Para evitar distraer al conductor en su trabajo diario se implementó en 1999 un cobrador automático. En él se depositaban monedas, las que iba siendo tragada una a una por la máquina. Este sistema resultó ser demasiado lento para la rapidez exigida por los usuarios, además, nadie se hacía responsable cuando el aparato no entregaba el vuelto, finalmente la implementación fracasó. En esta época, algunas empresas de transporte que no fueron capaces de financiar el costo del cobrador automático, implementaron un sistema de "cobrador humano", consistente en un segundo trabajador encargado de recaudar el pasaje en una caseta al interior del bus. En aquellos años se dio una pequeña guerra entre los empresarios y el gobierno, los primeros argumentaron que si debían invertir en cobradores tenían que subir los pasajes y lo hicieron, el gobierno respondió ante el alza exigiendo que las micros solo llevaran pasajeros sentados. Finalmente, ante la imposibilidad de cubrir el transporte de la población sin llevar pasajeros de pie, esta iniciativa del gobierno no prosperó y el alza de pasajes se ha mantenido hasta el día de hoy.

El sistema de "micros amarillas" estuvo con nosotros por 14 años hasta la implementación del sistema integrado llamado *Transantiago*, nombre que se utilizó hasta el año 2019, y que hoy se denomina *Red Metropolitana de Movilidad* o simplemente *Red*.

El Metro de Santiago

Metro, es el nombre con el que se conoce actualmente al tren o ferrocarril metropolitano. El término *ferro-carril* designa al conjunto de vías o carriles (barras) de fierro (hierro, metal), por donde transitan los trenes, por extensión se denomina comúnmente ferrocarril al tren o a todo el sistema de transporte. *Metrópolis* viene del griego *meter* que significa madre (sonido similar a *mother* del inglés) y *polis,* que se traduce como ciudad, significando algo como "la ciudad madre". Este concepto se utiliza normalmente para designar la ciudad capital de un estado. En Chile, la región en donde se ubica esta ciudad se denomina Región Metropolitana, y la ciudad es Santiago.

El concepto *Ferrocarril Metropolitano*, reducido a

Metro, da origen al nombre de la Empresa (estatal) de Transporte de Pasajeros Metro S.A. y que incluye el Metrotren, con un recorrido que va desde la estación Alameda hasta la ciudad de Rancagua.

Con la aparición de otra línea de Metro en Valparaíso y las proyectadas para Concepción y Temuco, cada vez se utiliza más el concepto específico *Metro de Santiago*. Actualmente, la red transporta cerca de 3 millones de personas al día. A nivel mundial, los sistemas de trenes urbanos se denominan siempre por la ciudad que cubren, con algunas excepciones como el *BART* en San Francisco, California, USA, en donde se le denomina *"Bay Area Rapid Transport"* que se traduce al español como *Transporte Rápido del Área de la Bahía*.

No hace muchos años, antes del comienzo del sistema integrado *Transantiago* (hoy *Red*), el viaje en metro en los horarios de baja cantidad de público era bastante cómoda. Era común ver vagones vacíos a última hora de la noche, y en las mañanas, antes de la hora punta, podías viajar con mucho más espacio. Sin embargo, los cálculos realizados para la implementación del sistema *Transantiago* fueron muy alejados de la realidad, esto hizo que el Metro aumentará su demanda y que comenzará a operar optimizando sus ingresos para aportar en las ganancias, aseguradas por el estado, de las empresas de transporte. Desde entonces funciona siempre con una frecuencia que les permita mantenerse con trenes llenos, llegando incluso a informar, con orgullo, que son capaces de transportar hasta 6 personas por metro cuadrado.

Si optamos por transportarnos en Metro, tenemos que dirigirnos a la estación más cercana. Las estaciones son diseñadas y emplazadas de acuerdo al flujo y cantidad de personas que las utilizarán, por esta razón sus ubicaciones están en puntos de alto tránsito como avenidas principales, estaciones de buses u otros centros de alta demanda y la distancia entre ellas es menor en sectores con mayor densidad de población o mayor número de usuarios. Mientras que en pleno centro de la ciudad de Santiago se dan las menores distancias entre estaciones (Los Héroes-Moneda, 460 metros; Moneda-Universidad de Chile, 400 metros y Universidad de Chile-Santa Lucia 480 metros), en sectores del sur de la ciudad la separación entre ellas aumenta considerablemente (La Cisterna-San Ramón, 2000 metros; Bío Bío-Ñuble 2120 metros). La mayoría de los nombres que las designan tiene orígenes simples, la avenida principal que cruza la línea, o algún lugar característico en la superficie.

Dentro de los nombres con orígenes interesantes se puede mencionar la estación Ciudad del Niño en línea 2. En 1943, bajo el gobierno del presidente Juan Antonio Ríos, se creó un enorme establecimiento con plazas, escuela, teatro, canchas de deporte y otros espacios destinados a la acogida de niños, niñas y adolescentes en riesgo social y condición de vulnerabilidad. Por el especial interés y apoyo que tuvo el presidente en el proyecto, este establecimiento recibió el nombre *Ciudad del Niño Presidente Juan Antonio Ríos*.

La *ciudad del niño* estuvo a cargo del Consejo de Defensa del Niño (CODENI) y llegó a tener hasta 1100 beneficiarios. Con el paso de los años, sus terrenos fueron vendidos disminuyendo su tamaño, llegando en el año 2003 a su cierre definitivo. La causa principal fue el cambio progresivo desde un enfoque de internamiento a otro en donde se provee a los niños niñas y adolescentes de un *hogar de acogida*, con un ambiente más familiar. A pesar de que los terrenos hoy se presentan ocupados por varios edificios de departamentos, el nombre de la estación perdura.

La estación *Lo Vial* no coincide ni con calles ni con algún lugar destacado, simplemente es el nombre con el que se conoce al sector. Hasta hace pocas décadas la ciudad no tenía la extensión de hoy, los sectores periféricos aún eran fundos y haciendas de diferentes familias. A finales del 1800, el fundo de Ramón Vial ocupaba gran parte de los terrenos que hoy corresponden a las comunas San Miguel, San Joaquín y Pedro Aguirre Cerda. Varias calles conservan los nombres de algunos integrantes de las familias (Teresa

Vial, Leónidas Vial, etc.) y el sector en su conjunto fue conocido como *Lo Vial*. Si usted fuera dueño de una gran extensión de terreno probablemente sería conocida como *Lo*...y su apellido, esto se repite muchas veces en la ciudad, por lo que resulta fácil saber quiénes eran los antiguos dueños de las tierras. En el Metro podemos encontrar las estaciones Lo Ovalle (por la calle y el sector), Lo Valledor (por la cercanía con el mercado Lo Valledor) y Lo Prado (derivado del nombre de la comuna). Otros ejemplos están en las comunas Lo Espejo y Lo Barnechea, y en un sinnúmero de calles como Lo Marcoleta, Lo Martínez, Lo Abarca, Lo Blanco, Lo Boza, etc.

Un terreno llano es un lugar sin cambios en el relieve, nivelado. En 1850 Ramón Subercaseux Mercado compró un terreno en lo que hoy es la comuna San Miguel, destinando una parte a la plantación de una Viña, de la cual aún se conserva la Cava (lugar de almacenaje bajo el nivel del suelo) del vino Fray Pedro Subercaseux (nombre del hijo mayor de Ramón S.). Esta construcción es utilizada hoy por la Casa de la Cultura de la comuna San Miguel. Algunos de esos terrenos fueron donados para la construcción de un parque que perdura hasta el día de hoy. El sector fue conocido como *"El llano Subercaseux"*, nombre que utilizó la estación de Metro hasta no hace muchos años, siendo conocida hoy solo como *El Llano*. Un hecho interesante es que Pedro Subercaseux (hijo de Ramón S.) además de ser Fray (Fraile religioso católico) era pintor, y como dibujante realizó historietas que ilustraron la historia y las costumbres de su época. No es extraño por lo tanto que en el parque *El Llano (Subercaseux)* inauguraran en el año 2006 un *"Parque del Comic"*, conmemorando los 100 años de la creación de *"Federico Von Pilsener",* considerado el primer personaje de la historieta chilena, creado por el Fray Pedro.

En el año 1767, debido al crecimiento de la ciudad de Santiago, comenzó la edificación de un nuevo puente en el rio Mapocho, el que sería inaugurado 13 años después el 20 de junio de 1780. Para su construcción se utilizaron rocas (cantos rodados: rocas pulidas naturalmente que adquieren forma redondeada con el tránsito río abajo) y como cemento (pegamento) una mezcla de cal y al menos 100.000 huevos (quizás hasta 500.000). El proyecto fue financiado en parte con un impuesto a la *yerba mate*. Este puente de *Cal y Canto* fue demolido el 10 de agosto de 1888 como parte de los trabajos de canalización del río, lo que provocó reacciones de molestia por parte de la población y quedando en la historia de Chile para siempre. A mediados de la década de 1980, mientras se realizaban trabajos de excavación de lo que sería la estación terminal norte de la línea 2 del Metro (hasta el año 2004), se encontraron restos del este puente histórico, los que se pueden ver hoy en día en esta estación que lleva su nombre.

La estación Patronato, debe su nombre al *barrio patronato*, famoso por el comercio, que a su vez se denomina así por la calle patronato, su eje comercial principal, pero ¿por qué se denomina así la calle? Como consecuencia de la encíclica, de carácter social de la Iglesia Católica, denominada *Rerum Novarum* "de las cosas nuevas" (para la época) que trata el *"problema social"* producido por la industrialización y el capitalismo, se funda en 1890 una institución ligada a la iglesia destinada a frenar las desigualdades sociales de la época. Ubicada entre las calles Santa Filomena y Patronato se encuentra la *Iglesia del Patronato de Santa Filomena*, que da origen al nombre de las calles, barrio y estación de la línea 2.

¿Sabía usted que en Chile hubo una guerra civil que dejó cerca de 10.000 muertes? Este hecho ocurrió en 1891 y enfrentó a los partidarios del presidente José Manuel Balmaceda y a los que apoyaban al Congreso. En aquella época, el presidente tenía mucho menos poder que ahora, debido a que los parlamentarios tenían la autoridad de, entre otros, discutir o no elementos claves para el gobierno, como, por ejemplo, el presupuesto anual. En 1891 el congreso retrasó la aprobación del presupuesto, por lo que Balmaceda se vio obligado a utilizar el aprobado el año anterior, lo que era ilegal. El presidente ordenó cerrar el congreso, dando con esto inicio a un conflicto que duraría cerca 8 meses y terminaría con la derrota de los *Balmacedistas*.

Balmaceda se suicida en la embajada de Argentina el 19 de septiembre de 1891, aun cuando el día anterior había terminado su periodo presidencial. A partir de ahí, el congreso tuvo el poder, iniciándose el denominado Régimen Parlamentario.

Dentro de las acciones que se realizaron durante la guerra civil, en contra del gobierno de Balmaceda, hubo un intento destruir con explosivos las *torpederas* (barcos) de la Armada de Chile que eran leales al presidente. El encargado de esta acción fue un comerciante chileno que vivía en Valparaíso y que fue descubierto antes de lograr su propósito. Una vez detenido, fue procesado por una corte militar y, luego de confesar, fue condenado a muerte y fusilado el 12 de julio de 1891. El nombre de este personaje es *Ricardo Cumming*, y su nombre está en la calle que irónicamente une la avenida *Presidente Balmaceda* con la *Alameda Libertador General Bernardo O´Higgins* y en la estación de Metro cercana.

Carlos Valdovinos fue un destacado abogado y político chileno nacido en la provincia de Colchagua en 1889. Fue juez en varias ciudades antes de ser Ministro de las Cortes de Apelaciones de Talca y Santiago, Ministro de la Corte Suprema y Alcalde de San Miguel. Falleció en 1966. Llevan su nombre la ex Avenida San Joaquín y la estación de Metro de línea 5.

La estación San Alberto Hurtado se denominaba hasta el año 2005 Pila del Ganso. El nombre tenía su origen en el Barrio Pila del Ganso, en donde se puede encontrar, hasta el día de hoy, una *pileta* con la estatua de un niño... con un ganso. Más historia tiene este barrio, que trataré más adelante.

Santiago Bueras fue un militar del ejército chileno destacado en la guerra de independencia siendo conocido como *"el huaso Bueras"*. Fue encomendado por José de San Martín para conformar una guerrilla contra los realistas en la época de la reconquista española, pero fue detenido antes de lograr su propósito, pudiendo ser liberado solo después de la victoria del Ejercito Libertador en Chacabuco. Combatió en Cancha Rayada y la Batalla de Maipo en 1818. Sus cargas a caballo eran tan aguerridas que en una ocasión llegó a quebrar su sable. Desde entonces se presentó al combate con uno de repuesto. Actualmente lleva su nombre la estación de línea 5 en la comuna de Maipú.

Los taxis

Si salgo de mi casa atrasado lo más probable es que busque un taxi. Los taxis tienen su origen en el arriendo de vehículos a principios del 1900 en Estados Unidos y su nombre deriva del aparato para calcular el precio a pagar.

Para cobrar de forma justa el uso del vehículo un ingeniero alemán de nombre Wilhelm Bruhn inventó un sistema de medición (medir en griego es *metro*) del pago (en griego *taxi*: tasa, precio a pagar), denominado *taxímetro*, por extensión el vehículo se denominó *taxi* y el conductor *taxista*.

En Santiago de Chile tenemos tres variantes de este sistema de transporte. El primero que denominamos simplemente *taxi* (taxi básico), tiene las características de estar disponible circulando en las calles y ser puerta a puerta, es decir el origen y el destino son determinados por los pasajeros. Podemos tomarlo en cualquier lugar (al menos en Santiago), y nos deja en el lugar exacto que queramos, además tiene un color característico (negro con techo amarillo). Un segundo tipo es el *taxi ejecutivo*, el que debe ser solicitado a distancia a una central en donde se localizan los vehículos. En el caso que se encuentren en tránsito, son contactados desde la central generalmente por radiotransmisor, por lo que son conocidos popularmente como *radiotaxis*. El tercer tipo es el *taxi colectivo*, que tiene ruta fija y, a diferencia de los anteriores, no tiene taxímetro, aunque de igual forma tiene tarifas por tramo recorrido midiendo también sus cobros. Su nombre proviene del hecho que no es de uso individual sino *colectivo* (para un grupo de individuos) término con el que se denomina popularmente. Un cuarto tipo de taxi, más conocido por los extranjeros que visitan nuestro país, es el *taxi de turismo*, de color azul, está destinado a la movilización de pasajeros a hoteles, aeropuertos, terrapuertos, entre otros lugares relacionados al turismo. Todos los tipos de taxi utilizan placa patente de color naranja.

Quien viaje fuera de Santiago se encontrará con diferencias en el transporte público. En algunas ciudades los taxis básicos no recorren las calles, sino que se encuentran en paraderos fijos, generalmente cerca de supermercados o centros comerciales. En ocasiones, cobran tarifa mínima muy superior a la de Santiago, tanto de forma oficial como por iniciativa propia, lo que es considerado una infracción. Además, pocas veces se utiliza el taxímetro, realizando cobros estimados que pueden ser pactados antes del viaje. Las micros tampoco son comunes en todas las ciudades y pueblos, siendo más comunes los colectivos interurbanos, que en su recorrido unen diferentes poblados dentro de una comuna, o conectan a más de una, se caracterizan por ser completamente amarillos.

Un medio de transporte que es muy común para los estudiantes es el furgón escolar, de característico color amarillo. Tanto el color, la baliza estroboscópica y las cintas reflectantes están destinadas a la precaución por parte del resto de automovilistas. Mandemos ahora a las niñas al colegio.

4. El Colegio

¿Escuela, colegio o liceo?

La escuela, colegio, kínder, liceo, etc. son las denominaciones que damos para identificar las instituciones destinadas en Chile a la educación formal de niños, niñas, adolescentes y adultos en los niveles iniciales y medios. En Chile la edad de ingreso a la enseñanza regular obligatoria es de 4 años cumplidos al 31 de marzo para pre kínder, 5 años para kínder y 6 años para primero básico sin excepciones desde 2017.

La palabra *Colegio* tiene usos diferentes en distintas partes del mundo, en Chile se utiliza especialmente, para denominar a la institución educativa que tiene enseñanza básica y enseñanza media. *Escuela*, es el nombre que recibe cualquier establecimiento en donde se imparte educación *básica* o de base. Muchas veces se confunde el término *básico* como algo simple, sencillo o fácil, lo correcto es entenderlo como educación de base o elemental, lo que es indispensable para otros aprendizajes. De esta forma nos encontramos con la *Escuela de Injeniería de la Universidad de Chile*, en donde los futuros ingenieros reciben la instrucción de base para sus profesiones, con cursos de cálculo, álgebra, física y computación entre otros; la *Escuela de Ciencias Sociales* que incluye filosofía, sociología, psicología, antropología, etc. para los futuros arqueólogos, psicólogos, sociólogos o antropólogos o la *Escuela de Medicina*, para la formación básica de médicos. En ninguna de estas escuelas se enseñan cosas simples, sencillas o fáciles de aprender.

El jardín de niños y niñas es el lugar en donde se prepara a los pequeños para ingresar a la escuela. Los alemanes como conocemos erróneamente en español a la nación *Deutsch* (que significa pueblo), habitantes de la tierra de los *Deutsch* o *Deutschland* (la tierra del pueblo) nombre oficial de este país, tienen la costumbre de generar palabras uniendo otras para formar conceptos más amplios como por ejemplo el término:

"Donaudampfschiffahrtselektrizitätenhauptbetriebswer kbauunterbeamtengesellschaft,"

que es utilizado para denominar la *"Sociedad de funcionarios subalternos de la construcción de la central eléctrica principal de la compañía de barcos de vapor del Danubio"*. La palabra niños o niñas en alemán es *kínder* mientras que jardín es *garten*, por lo que denominaron a esta institución *Kindergarten* (jardín de niños). Este nombre era utilizado comúnmente hasta hace pocos años en Chile, actualmente solo se denomina *Kínder* o *Pre Kínder* a los dos niveles anteriores a la educación básica.

Un establecimiento de educación media se denomina Liceo. En la antigua Grecia fue conocido como *Liceo*, un gimnasio ubicado cerca del templo de *Apolo Licio* (*Apolo Likeois*: "Apolo el matador de lobos"), famoso por ser el lugar en donde el filósofo Aristóteles enseñaba. El término *liceo* fue aplicado por extensión a su escuela filosófica, conocida como *"escuela peripatética"* (concepto similar a pasear), por la costumbre de realizar las discusiones caminando. Para no confundir conceptos, *peripatética* proviene de las palabras griegas *peri* (alrededor, como en perímetro) y *patein* (deambular), mientras que *patético* en el español proviene también del griego, pero de la palabra *pathos*, que significa algo similar a emocionar o provocar en otros una emoción. Alguien patético es quien expresa angustia o padecimientos, tiene el mismo origen que la palabra *patología* (entendiendo *pathos* como padecimiento y *logia* como "estudio de…").

El sistema educativo chileno

Todo lo que se enseña en el colegio y que deben aprender los estudiantes se denomina *currículum* (no confundir con el documento de presentación para un puesto de trabajo). Estudiante se refiere a quien estudia, los sufijo *–ente –ante –yente –iente*, hacen referencia a quien realice la acción y no tiene género, pudiendo aplicarse a hombres y mujeres por igual como en *alarmante* (que alarma), *amante* (quien ama) o *adolescente* (quien adolece, sufre o padece). El *curriculum*, palabra latina que se traduce como *carrera*, es definido en Chile por el *Ministerio de Educación* y revisado por el *Consejo Nacional de Educación*. Corresponde a todo el camino que recorrerán los alumnos con respecto a sus aprendizajes en la educación formal.

Nuestro sistema educativo se estructura en 3 niveles principales:

Educación prebásica, que incluye pre kínder o primer nivel de transición y Kínder o segundo nivel de transición, tiene la función de preparar a los niños y niñas para el aprendizaje académico, estimulando sus capacidades sociales, personales y de conocimiento elemental del lenguaje, cálculo y del medio social y cultural chileno.

Educación básica, que incluye de primero a… no, sexto básico. Tiene como objetivo principalmente la formación de competencias de base, es decir, que el alumno o alumna sea competente en su comunicación oral y escrita, entendiéndose la comunicación como un proceso en dos sentidos (pudiendo ser siendo emisor o receptor). El objetivo que se persigue, es desarrollar las capacidades tanto de expresar como de recibir información de forma escrita (escribir y leer) y expresar y recibir información de forma oral (diálogo), en ambos casos tanto en castellano como en un idioma extranjero que por lo general es inglés (hasta el año 2001 se enseñaba alemán y/o francés como tercer idioma después del castellano y el inglés). Otras competencias que se buscan desarrollar son: la utilización de las matemáticas para resolver problemas cotidianos; conocer y sobre todo valorar: la historia de Chile, el entorno natural, la democracia y el arte (musical y visual) y desarrollar habilidades científicas, personales y sociales, entre otros.

La educación media, comprende de séptimo básico a cuarto medio. Si bien aún 7º y 8º básico pertenecen "administrativamente" a la educación básica, lo cierto es que desde el año 2015 en las *Bases Curriculares* (es decir el curriculum básico obligatorio), está establecido como secuencia estructurada desde 7º a 2º y de 3º a 4º medio. Los objetivos de la enseñanza media incluyen, además de la profundización de los objetivos de educación básica, el conocimiento de las diversas formas para responder a las preguntas del sentido de la existencia, el pensamiento libre y reflexivo, el análisis de fenómenos complejos, comprendiendo que existen múltiples causas y dimensiones para el análisis, es decir, comprendiendo que las cosas no son tan simples, entre otros.

Como se puede apreciar, los objetivos son bastante elevados, las aspiraciones del sistema educativo chileno son altas, aunque en la práctica solo se pueda abordar un limitado porcentaje de lo deseado. Los contenidos y conocimientos con los que se espera desarrollar estas competencias están indicados en los *Planes de Estudio*, emitidos por el *Mineduc* (Ministerio de Educación). Sin embargo, esto no limita la posibilidad de que cada establecimiento educacional establezca sus propios *planes*, buscando ir más allá de lo mínimo exigido.

Los cursos de primero a octavo se distribuyen en 6 niveles educativos. El *nivel básico* 1 (NB1) tiene una duración de dos años e incluye los cursos 1º y 2º básico. El *nivel básico* 2 (NB2) tiene una duración de dos años e incluye los cursos 3º y 4º. La implicancia práctica de esto, es que un alumno o alumna tiene dos años para cumplir con los objetivos de cada nivel por lo que no existe (excepto en casos justificados y casi informalmente) la reprobación en 1º ni en 3º año. El resto de los niveles son: NB3 para 5º, NB4 para 6º, NB5 para 7º y NB6 para 8º básico. La implementación de la última reforma educacional aún está en proceso al año 2020 en que escribo esto.

Las asignaturas (del latín *assignātus*: asignado) corresponde a cada una de las materias fijadas para ser enseñadas en un centro de estudio. *Materia* es el concepto que define al conjunto de conocimientos que conforman un campo del saber, por ejemplo, en la asignatura matemática la materia tiene relación con los números y las operaciones, geometría, álgebra, etc.

El curriculum

¿Que aprenden los estudiantes en el Colegio? Es posible indicar a grandes rasgos los ejes de las asignaturas:

Matemática:

Números y operaciones: es importante considerar que un número puede ser utilizado en varias funciones. En su función *ordinal* (de orden) indica la posición de algo con respecto a otra cosa (primero, segundo, tercero, etc. 1º - 2º- 3º). En su función *nominal* (de nombrar) reemplaza el nombre de alguna persona u objeto (el candidato número 2) y en la función *cardinal* indica una cantidad de elementos (4 manzanas). Esta última es la función básica que se enseña en los primeros años, por lo que las actividades de contar conjuntos de objetos y asociar la cantidad al dibujo o símbolo del número, son esenciales.

Los números que utilizamos llegaron hasta nosotros gracias a los árabes, pero tienen su origen en la India. En el siglo XVIII, en la zona que conocemos ahora como Irak, vivió un matemático, astrónomo y geógrafo persa que entre otras cosas escribió sobre matemática. La palabra *Algebra* proviene de uno de sus libros (*al-gabru*) y tiene un significado similar a "*la simplificación*". Dentro de los aportes de este matemático está el uso de un sistema de números tomado de la India y que posteriormente llegó a occidente con la expansión de los árabes a partir del mismo siglo. Actualmente se conoce esta numeración como *indo-arábiga* y dio origen a los números que hoy utilizamos.

Una teoría que tiene bastante lógica, indica que el dibujo original de los números se relaciona con la cantidad de ángulos de cada diseño, así el 1 tiene un ángulo, el 2 (Z) dos ángulos, etc. Estos símbolos representan una evidente mejora con respecto a los números romanos utilizados antiguamente al poder operarse de forma más sencilla. Algunos ejemplos de la antigua numeración romana son: I (1), V (5), M (1000), XCIV (94). Con la numeración indo-arábiga la suma 1384 + 498 es mucho más cómoda que MCCCLXXXIV + CDXCVIII. Sin contar que en nuestro sistema de numeración utilizamos sólo un símbolo por cantidad menor a 10. Como ejemplo nuestro número *ocho*, que se escribe solo con un símbolo (8), requiere cuatro símbolos en el sistema romano, "VIII" que sería 5 +1+1+1 y no tiene un sistema lógico para ser operado (sumado, restado, etc.).

Los estudiantes además deben manejar con claridad la idea del *sistema decimal* de numeración y el *valor posicional*. Los adultos damos por hecho que después del 9 viene el número 10, es decir aparecen ahora dos dígitos un 1 y un 0 y esto vale más que 9 porque ese 1 indica un grupo de diez unidades, esto no es para nada obvio en un niño o niña. Ni siquiera todos los adultos se dan cuenta que también utilizamos un sistema que no es decimal (que no cambia cada 10 elementos de 9 a 10 o de 99 a 100, etc.). La hora responde a un sistema sexagesimal es decir que es posible expresar una cantidad continua, pero en base a 60, ya que los minutos cambian cada 60 segundos y no cada 10 (de 59 a 01:00) al igual que las horas lo hacen cada 60 minutos.

Un sistema decimal implica que podemos representar cualquier *cantidad* con un número finito de elementos que en nuestro caso son 10 símbolos (1, 2, 3, 4, 5, 6, 7, 8, 9, 0). Sin embargo, es posible tener un sistema de numeración con cualquier base, no solo 10. En computación la única forma de representar información de forma electrónica es con dos valores "hay" y "no hay", o "encendido", "apagado". Así se utiliza un sistema de representación binaria (de dos elementos) y no decimal, dando los valores 0 para "no hay" y 1 para "hay". Por ejemplo, es posible representar (con algunas operaciones matemáticas) el número 284 como 001110001 y el 25 como 11001. En el computador la letra *M* se asocia al número 77 que en el sistema binario se representa como 1001101. Cada vez que escribimos (y guardamos) en el computador una letra *M*, se representará en el disco duro como una superficie: *dato, vacío, vacío, dato, dato, vacío, dato*. Si pudiéramos verlo escrito seria ■□□■■□■. Más sobre computación se verá en un capítulo más adelante.

Los números toman sus nombres del latín y varios de ellos tienen un origen más antiguo. Me centraré en algunos puntos interesantes. Como habrán notado en algún momento de la vida los valores sobre 15 se nombran uniendo la decena con la unidad, me explico, el número 32 se escribe treinta (de *tres*) y dos, el número 45 se escribe cuarenta (de *cuatro*) y cinco. En latín el 30 era *triginta* y 40 *quadraginta*, siendo tri: 3 y quadra: 4 (como en *cuadrado*, figura de 4 lados), y *ginta* algo similar a "10 veces", *quadraginta* significaba entonces 4 veces 10. El equivalente en español sería treinta, cuar-enta, cincu-enta, ses-enta, etc. Entonces ¿qué ocurre con diez y veinte? porque claramente no son ni *"unienta"* ni *"dosenta"*. La palabra *diez* proviene directamente del latín *decem* (como en *decena* o *diciembre*), mientras que *veinte* proviene de *viginti*, con el mismo sonido de raíz *bi* que se utiliza en *bipolar, bicampeón, bianual*, etc. En cambio, el número *dos* tiene su origen en la palabra *duo* como en duplicar, doble o dudar (estar entre dos alternativas). Entendiendo el origen de *diez*, aún nos queda el asunto del *once* que no es "dieciuno", *doce* que no es "diecidos", *trece* que no es "diecitres", *catorce* que no es "diecicuatro" y *quince* que no es "diecicinco". Esta diferencia en la forma de nombrar este grupo proviene de la costumbre de escribir los números nombrando primero las unidades, es decir en vez de *veinte y uno*, se nombraba *uno y veinte*. Es muy probable que los romanos hayan tendido influencias de otras culturas que afectaran por tradición la forma de denominar estos valores al igual que ocurre con nosotros, ya que a diferencia del resto los nombraron indicando primero la unidad y luego la decena. De esta forma *once* proviene de *undecim* (uno y diez), *doce* de *duodecim* (dos y diez), *trece* de *tredecim*, *catorce* de *quattuordecim* y *quince* de *quindecim*. A partir del dieciséis (diez y seis) se comienza nombrando primero la decena y luego la unidad en todos los demás números en el idioma castellano, mientras que en latín el uso inverso lo encontramos hasta el número 17, mientras que 18 se denominan algo similar a "dos para veinte" y 19 "uno para veinte".

Volviendo a la escuela, las operaciones básicas que se enseñan en los primeros niveles de educación son la adición, sustracción, multiplicación y división. Habitualmente se denomina "suma" a la adición. La palabra *suma* indica el resultado de la operación llamada *adición*, así como *resta* (resto) indica el resultado de la operación *sustracción* (de sustraer). Si tenemos 5 manzanas y sustraemos 2 (operación de sustracción), nos queda como *resto* 3 manzanas (resta).

En las operaciones de multiplicación y división se produce un problema con la terminología aplicada (conjunto de palabras utilizadas en una disciplina o ciencia). Esto ocurre porque normalmente cuando escribimos 3 x 6, lo leemos como "tres *por* seis", cuando en realidad dice "tres (multiplicado) *por* seis". Bien podríamos hacer lo mismo con la división, por ejemplo 3:6 podría leerse "tres *por* seis" ya que es "tres (dividido) *por* seis". En educación superior para evitar confusiones se utiliza de forma complementaria la palabra francesa *per* que significa *por*. Así se diferencia claramente "tres *por* cuatro" (3x4 multiplicación) de "tres *per* cuatro" (3:4 división).

Por fines prácticos utilizo en este libro una X para representar la multiplicación. Esto puede considerarse un error. En realidad, el símbolo correcto es un punto (·) ubicado al centro (en altura). El símbolo X se utiliza en la *teoría de conjuntos*, parte de las matemáticas que estudia las relaciones entre grupos de elementos abstractos. Hasta hace pocos años la *teoría de conjuntos* era ampliamente estudiada en los primeros años de escuela, pero fue retirada del *curriculum* en estos niveles. Entendiendo que A y B son conjuntos donde A puede ser un conjunto de tipos de pan: marraqueta, hallulla y dobladita y B pueden ser cosas para untar el pan: margarina, mermelada y paté. La expresión A x B, que se lee como *el producto de A x B,* corresponde al conjunto de todos los pares que se pueden formar con ambos conjuntos. Por ejemplo, en nuestro caso tenemos los siguientes pares: *marraqueta con margarina, marraqueta con mermelada, marraqueta con pate, hallulla con margarina, hallulla con paté…*etc. Si completan todos los sándwiches se darán cuenta que se pueden formar, sin repetir, un conjunto con 9 pares de elementos, por lo tanto, A (3) X B (3) = 9. Resultado que equivale numéricamente al de la multiplicación, pero no es el mismo concepto.

Patrones y álgebra: Álgebra es el nombre de la parte de las matemáticas que habla de cantidades en general y no de casos específicos como por ejemplo 3 x 5= 15 (operatoria, el resultado es fijo). En álgebra, en cambio, podemos enseñar que 3 x 5 = 3+3+3+3+3, y llegar a una regla de multiplicación en donde A x B = A+A+A….B veces. El álgebra trata de la matemática en general.

Los patrones son secuencias que presentan una regularidad y que pueden ser expresados con una expresión matemática, por ejemplo: 2, 4, 6, 8, 10… se puede expresar como *2n (2 multiplicado por n)*, siendo *n* cualquier número natural (1,2,3,4,5,6,7,8…hasta el infinito). Si comenzamos a reemplazar tenemos que el primer natural es 1, por lo tanto, 2n es 2x1= 2, primer número de nuestro patrón, para el siguiente reemplazamos n con el número 2 por lo tanto 2n es 2x2=4, segundo número de nuestro patrón, y para el siguiente reemplazamos n por el siguiente número natural que es el 3, por lo tanto, 2n es 2x3=6, tercer número de nuestro patrón, etc. Es interesante mencionar que el término patrón, (modelo que sirve para obtener algo similar, en nuestro caso el patrón es 2n), que se asocia por tanto a repetición, tiene su origen en la oración cristiana del Padre Nuestro. Hasta el día de hoy permanece la costumbre de rezar repetitivamente, como ocurre con *el rosario*. En la edad media, con la repetición del *Pater Noster* (padre nuestro), *Pattern Nostrum* (nuestro patrón), se comenzó a asociar la palabra *pattern* o *patrón* a algo que se repite. En inglés *pattern* se conserva sin cambios e indica directamente un modelo (para fabricar o hacer algo repetidas veces).

Geometría: Tiene relación con la capacidad de reconocer, visualizar, dibujar, analizar y comprender las relaciones matemáticas en las formas de los objetos. La palabra geometría proviene del griego *geo* (tierra) y *metría* (medida).

Medición: medir es comparar algo con una unidad establecida. Después de la revolución francesa en 1789, se crearon comisiones de científicos para determinar unidades de medida fijas que pudieran ser utilizadas en cualquier parte con equivalencia. Estas unidades han llegado hasta nosotros y son el *gramo* y el *metro*. Para tener un elemento de comparación se creó el *kilogramo* (*kilo*: mil, mil gramos) representado por un cilindro de metal (90% platino y 10% iridio) y el *metro*, una barra de los mismos componentes. Ambos *patrones* están ubicados en la Oficina Internacional de Pesas y Medidas en Sévres, comuna del suroeste de París, en Francia.

Desde la creación del patrón de kilogramo las necesidades de medición han sido cada vez más exactas, sobre todo para la fabricación de medicamentos o elementos de alta tecnología que requieren de cantidades precisas muy pequeñas. Desde su creación, el modelo ha experimentado una mínima perdida de materia, lo que le quitó confiabilidad. Desde el año 2019 el patrón se conserva con fines históricos ya que la medida fue redefinida utilizando variables físicas más fijas, estables y calculadas con un alto grado de precisión.

Medir es comparar con un patrón, así podemos ver, por ejemplo, cuántas veces cabe un *metro* a lo largo de una casa y podemos concluir que está contenido 6 veces, es decir, *mide* 6 metros. La comprensión y utilización de estos conceptos son fundamentales tanto para el desarrollo del pensamiento científico, arte, arquitectura, ingeniería, etc. como para comprar el pan.

Datos y Probabilidades: se busca que los estudiantes aprendan a crear, a partir de datos, tablas y gráficos (representaciones visuales) e interpretarlos; y además que puedan estimar la probabilidad de ocurrencia de hechos o fenómenos. De esta forma se espera, por ejemplo, que puedan reflexionar a la hora de apostar en algún juego de azar. El juego *loto* consiste en acertar 6 números entre 41 posibilidades para obtener el premio mayor. Tenemos por tanto que la probabilidad de que alguno de nuestros números salga al recoger la primera bola es de 1 en 41, en la segunda bola es de 1 en 40 (porque ya se retiró una), en la tercera es de 1 en 39...hasta la sexta que sería 1 en 36. Después de un par de operaciones tenemos como resultado que la probabilidad es de 1 en 4.496.388, es decir, es similar a apostar a ganador en una carrera donde corren 4.498.388 caballos. Algunos cálculos indican que es más probable ser alcanzado por un rayo.

Lenguaje y comunicación - lengua y literatura:

Lectura: se busca desarrollar la capacidad de leer comprensivamente, pero sobre todo el interés por la lectura y que ésta sea una actividad habitual, ya que la mayoría de las habilidades necesarias para la comprensión se desarrollarán con la lectura constante.

Escritura: se busca desarrollar tanto las habilidades *grafomotrices* (para dibujar las letras) como la capacidad de expresarse. Para esto se enseñan reglas sintácticas y convenciones ortográficas a través de la escritura libre o guiada, entre otros.

Sintaxis es una palabra griega que puede traducirse como "con orden" o "disposición" y se utilizaba principalmente para referirse a la formación de soldados en un ejército, *taxis* o *tassis* significa ordenación y origina también la palabra *táctica* (antes de que se utilizara *taxi* para referirse a *impuesto o tasa*). La *sintaxis* en el lenguaje se refiere al orden y relación de las palabras, como por ejemplo reconocer cuando una palabra tiene función de *artículo, sustantivo, núcleo del complemento directo*, etc. Mientras que la *ortografía* se refiere al conjunto de normas que regulan la escritura. Esta palabra proviene del griego, sin cambios en nuestro idioma, y significa "escritura correcta".

¿Quién define qué es lo correcto y que no en el lenguaje? La idea principal de la comunicación es que un símbolo, sea palabra escrita o sonido, evoque en el emisor y en el receptor, la misma imagen mental. Solamente cuando ocurre esto hay una comunicación efectiva. Para fomentar esto en el idioma castellano, se creó en 1713 la *Real Academia de la lengua española* (RAE), por iniciativa de Juan Fernández Pacheco, marqués de Villena. Este organismo, tiene como objetivo *"velar por que la lengua española, en su continua adaptación a las necesidades de los hablantes, no quiebre su esencial unidad"*. Con el fin de mantener la unidad del idioma, cuenta con representantes de las diferentes naciones que comparten el uso del castellano. Incorporando los nuevos usos o nuevas palabras cuando es necesario y actualizando las normas ortográficas y sintácticas.

El castellano a diferencia del latín, es un idioma vivo. Por un lado, se construye constantemente y por otro va dejando palabras en el olvido. Es el uso cotidiano de los pueblos el que va formando lo que es el idioma, por lo tanto, muchos de los usos o palabras que algunos pueden considerar "correctos" o "cultos", fueron anteriormente deformaciones del uso popular de otros términos cultos anteriores. Como ejemplo se puede citar las primeras líneas del *Cantar del Mío Cid* considerada la primera obra escrita en el idioma castellano cerca del año 1200.

"De los sos oios tan fuerte mientre lorando,

Tornaua la cabeça e estaua los catando:

Vio puertas abiertas e vços sin cannado

Alcandaras uazias sin pielles e sin mantos,

E sin falcones e sin adtores mudados."

¿Serán estas las formas que debemos imitar para escribir de forma erudita o culta? El mejor referente actualizado que tenemos es la RAE. Pero el idioma evoluciona constantemente.

¿Cuánto escribes en la escuela? ¿Cuánto escribe tu hijo o hija en la escuela?, ¿Que textos has generado tú, o tu hijo o hija? ¿Conoces a alguien que haya publicado un libro? Lamentablemente en Chile se le da un énfasis predominante a la lectura ya que las evaluaciones de calidad de la educación como SIMCE, se centran en esto y existen campañas nacionales para hacer de la población *mejores lectores.* ¿No sería más productivo enseñar a escribir? Imagine por un momento que a usted se le enseña y guía para escribir su propia novela, se le explica sobre la estructura y como utilizar las figuras literarias (metáforas, comparaciones, hipérboles, etc.), como dar énfasis, giros interesantes de la historia, situaciones cómicas y momentos de suspenso, generando una intencionalidad personal y única para el relato. Después de esta experiencia, ¿no sería más simple comprender que el mismo proceso fue realizado por el autor del texto que va a leer?, podría descifrar sus énfasis, comparaciones y metáforas, es más fácil comprender a un escritor siendo un escritor. Lamentablemente la escritura es un punto muy débil en el sistema educativo chileno, no en las bases del currículum, sino en la práctica de los establecimientos, que normalmente no van más allá de algún concurso alguna vez en el año. Por mientras, se espera que los niños comprendan la lectura trabajando solo abstracciones, dejando de lado lo concreto y práctico que es escribir. En ocasiones *"lea y responda"* se convierte en la actividad más utilizada para desarrollar la comprensión lectora, esperando casi que espontáneamente se produzca el entendimiento.

Comunicación oral: incluye el desarrollo de capacidades para comprender, comparar y evaluar relatos orales y de expresarse comunicando mensajes de forma efectiva. Se espera además que los estudiantes desarrollen la capacidad de participar adecuadamente en una conversación.

Tanto la asignatura *matemática* como *lenguaje y comunicación*, constituyen la base de los demás aprendizajes. Se consideran conocimientos instrumentales (instrumentos para hacer y aprender).

Historia, geografía y Ciencias Sociales: en general se espera que los estudiantes logren una mejor comprensión de la sociedad.

Historia: En Chile se enseña la historia de nuestro país y de los pueblos y hechos que determinaron su origen. Incluye la enseñanza de las primeras civilizaciones, los pueblos americanos antes de *la conquista*, la historia de Europa desde las primeras civilizaciones con énfasis en Grecia y Roma, bases de la cultura occidental, y otros hechos relevantes de la historia de occidente (Europa y América). Aprender sobre el cercano oriente (Irán, Irak, Persia, Arabia, etc.), lejano oriente (China, Japón, Corea, etc.) o sobre la historia de África (más allá de la época colonial) y Oceanía, está fuera de nuestro sistema educativo.

Geografía: La geografía es enseñada de forma general a nivel del mundo y detallada con respecto a nuestro país. Incluye aspectos relacionados a la geografía física (relieve, accidentes geográficos, clima, etc.), geografía humana (relación de los pueblos con el medio geográfico, adaptación y modificación) y geografía económica (relaciones del medio con el consumo y producción) y geografía política (organización político - administrativa del territorio).

Ciencias sociales / formación ciudadana: Se busca principalmente que los estudiantes conozcan y valoren las implicancias de vivir en sociedad, el valor de la democracia y el conocimiento de las instituciones entre otros.

Ciencias Naturales

Esta asignatura agrupa varias disciplinas como la biología, física, química, botánica, geología, etc. Y busca, además de proveer conocimientos, el desarrollo de habilidades de pensamiento científico como las que nombraré al final de este apartado.

Además de las cuatro asignaturas que se consideran fundamentales están: *Arte* (musical y visual) que busca el desarrollo en los alumnos de habilidades que les permitan comprender y apreciar las diferentes expresiones artísticas de la humanidad y desarrollar capacidades y herramientas de expresión; *Tecnología,* que tiene como objetivo comprender el mundo artificial, reconocer su importancia y lograr que los estudiantes sean capaces de utilizar herramientas tecnológicas y crearlas; y *Educación Física y Salud,* que tiene como objetivo el desarrollo *motriz* (capacidad de moverse) a través fomento de la actividad física individual y grupal. La asignatura de Educación Física, por lo general se desarrolla en un gimnasio. En la antigua Grecia la práctica de algunos deportes se realizaba sin ropas, contando para esto con un espacio denominado *gimnasio* proveniente de la palabra *gymnos* que significa desnudo. A diferencia de la actualidad en donde el cuerpo femenino es especialmente destacado por la moda, el arte y sobre todo el comercio, en la antigua Grecia era el cuerpo del hombre el que ocupaba un lugar principal. Y sí, eso se relacionó con conductas homosexuales comunes y aprobadas socialmente, sobre todo en Atenas.

La evaluación

Volviendo a nuestro régimen educativo, el sistema de evaluación en nuestro país considera una escala de 1 a 7 con un decimal, es decir, de 1,0 a 7,0. El nivel de exigencia, es decir, cuánto debe demostrar saber o hacer un alumno o alumna para considerarse el objetivo logrado, es un mínimo del 60% y la nota mínima de aprobación es un 40 (sobre la nota 4.0 se escriben por lo general con color azul y bajo esta calificación con color rojo). Si la escala fuese solamente de 0 a 7, tendría mucho más sentido que el mínimo para aprobar sea un 4,0, ya que el 60% de 7 es 4,2. Habría de esta forma una relación más directa entre el puntaje y la nota. Los problemas comienzan cuando en la escala se parte del número 1. Si no respondo nada en mi prueba o todas mis respuestas son incorrectas obtendré como mínimo nota 1. Lo que sucede aquí es que solo nos deja una escala de 6,0 valores o 60 décimas, el 60% de 60 es 36, por lo que si un estudiante responde correctamente el 60% de la evaluación, no tiene un 4,0 sino un 4,6. El caso se complica más en educación básica en donde por lo general se parte de la nota 2,0 lo que significa tener solamente 5,0 o 50 décimas en nuestra escala de notas, el 60% de 50 es 30, es decir si un alumno logra responder el 60% de las preguntas en forma correcta le correspondería la nota 5,0. Para arreglar este absurdo se establecen escalas sin sentido en donde se hace coincidir forzadamente el 60% con la nota 4,0 y se acomodan los puntajes desde 2,0 hasta 3,9 y de 4,1 hasta 7,0. El resultado de esto se puede apreciar en la siguiente tabla:

Respuestas	Nota	Aumento
0	2	2
1	2,2	0,2
2	2,4	0,2
3	2,7	0,3
4	2,9	0,2
5	3,1	0,2
6	3,3	0,2
7	3,6	0,3
8	3,8	0,2
9	4	0,2
10	4,5	0,5
11	5	0,5
12	5,5	0,5
13	6	0,5
14	6,5	0,5
15	7	0,5

Mientras una respuesta buena sube en 2 o 3 décimas una nota bajo 4, genera un aumento de 5 décimas en las notas sobre 4. ¿Porque no se corrige y se simplifica?, por lo mismo que muchas de las prácticas similares perduran en nuestra cotidianidad, porque siempre se ha hecho así.

Es interesante notar que utilizamos indistintamente prueba o examen para las evaluaciones, los conceptos varían en quien desarrolla la acción, mientras es el estudiante el que rinde una prueba, es el profesor o profesora quien examina.

La evaluación y calificación han sido por mucho tiempo objetos de análisis y confusiones cotidianas. El motivo radica (tiene su origen o raíz) en la finalidad que posee. Para muchas familias y estudiantes, una nota representa un premio final a un proceso o esfuerzo. Tanto es considerado así, que incluso se buscan formas poco honestas de obtener la mejor calificación posible, sin embargo, el sentido nunca ha sido esto. La palabra *calificar* conlleva la idea de atribuir a una persona una cualidad, que es lo mismo que hacen algunas personas al expresar ideas como *"mi hijo es de puros 7"* o *"ese niño no pasa del 4"*. Siendo que la reflexión luego de una evaluación debiese ser *"mi hija obtuvo un 4, por lo tanto, solo aprendió un 60% de lo que debía, ¿Qué le faltó?, ¿Cómo puede aprenderlo ahora?, ¿por qué se produjo esto?* Lo que claramente no ocurre muy seguido.

El objetivo de examinar o evaluar tiene para el docente la finalidad de recoger información que indique como está progresando el estudiante, qué debe reforzar y hacia dónde puede continuar. Para el alumno o alumna la evaluación y calificación debería entregarle información sobre dónde está en su aprendizaje, qué ha logrado y qué le falta aún por lograr. Para que se consiga esta recogida y uso de la información es necesario una evaluación constante, y objetivos claros para cada clase que le permitan al estudiante saber que se espera de él y cuál será el camino a recorrer, para determinar en todo momento en donde está y que debe hacer para continuar. Para potenciar estos conceptos, el Ministerio de Educación entrega libertad para calificar desde el año 2020 pudiendo utilizarse las notas solo como resumen semestral o anual. Las notas están camino a desaparecer del proceso educativo

Funcionarios

Imaginemos ahora que mi hija o sus hijos llegan al colegio o escuela. Lo primero que harían es saludar a un *Asistente de la Educación*. En las escuelas existen dos tipos de funcionarios: los *profesionales de la educación*, quienes tienen en común el poseer un título de profesor o profesora y los *asistentes de la educación* quienes tienen en común el no poseer un título de profesor o profesora. Dentro de los asistentes de la educación podemos encontrar: *profesionales* (psicopedagogos, asistentes sociales, psicólogos, etc.), *paradocentes* (que prestan apoyo auxiliar a la enseñanza como asistentes de aula, inspectores de patio, técnicas o técnicos en párvulos y administrativos), y *personal de servicios auxiliares*, que la mayoría de las veces también apoyan la labor formativa, sobre todo en los ámbitos personal y social y se encargan de la mantención y aseo de los diferentes espacios.

Otro personal que trabaja en las escuelas, pero no es considerado asistente de la educación son las manipuladoras de alimentos, quienes tienen la función de preparar las colaciones de los estudiantes. Estas trabajadoras, en su mayoría mujeres, trabajan para empresas privadas que, a través de un concurso público, ganaron la opción de realizar el servicio de alimentación. La institución estatal encargada de financiar este apoyo es la Junta Nacional de Auxilios y Becas (JUNAEB). No todos los alumnos y alumnas son beneficiarios de este auxilio (ayuda). Los que sí lo son, reciben desayuno y almuerzo caliente o excepcionalmente colaciones frías, correctamente medidas de acuerdo a las necesidades nutricionales.

Espacios

Los estudiantes luego de saludar es muy probable que ingrese al "jol", para luego dirigirse al aula. *Hall* es la palabra del inglés que designa a la sala inmediatamente siguiente a la entrada de un edificio mientras que *aula* es la palabra que designa a cualquier sala de un centro de enseñanza en donde se imparten clases. Es posible hablar de una *sala de clases* o de un *aula*, mientras que "aula de clases" es redundante (redundancia es utilizar palabras innecesarias para expresar una idea o concepto por estar ya expresado con otras palabras).

Las clases en Chile se dividen generalmente en bloques de 90 minutos que constituyen 2 horas pedagógicas, teniendo cada una de estas una duración de 45 minutos. Entre los bloques de clases los alumnos y alumnas disponen de un periodo de descanso y recreación conocido comúnmente como *recreo*, el que por ley constituye un tiempo de descanso también para los docentes. Por lo general los establecimientos disponen de un patio (espacio en el interior de un edificio o construcción) para este efecto. *Recreo* deriva del verbo *recrear* que provine del latín *recreare* (re-crear), y tiene un sentido similar a "crear de nuevo" o "volver a la vida", *reanimar* o *restablecer*.

Por lo general los alumnos, además de los alimentos entregados en los colegios, llevan su propia colación que consumen en el recreo. La palabra *colación* tiene varios usos y significados, su origen está en el latín *collatio* que significa *reunión* o *dialogo*. Antiguamente este término se utilizaba para designar las reuniones que sostenían los monjes para conversar y discutir temas espirituales. Estas reuniones eran acompañadas con el consumo de alimentos asociándose así al concepto utilizado hoy. Un libro del siglo IV, escrito por el teólogo Juan Casiano, se denomina *Colaciones* y trata de la vida de los monjes relatada a través de conversaciones (colaciones) con ellos.

Para los alumnos que no pueden llevar colación existe un tercer servicio de alimentación entregado por JUNAEB el que, a diferencia de los desayunos y almuerzos, puede ser llevado al hogar. Esta ayuda extra es irrenunciable, si el estudiante se ausentara una semana, al regresar al colegio estaría en posición de exigir que se le entreguen las colaciones que no recibió mientras estuvo ausente, ya que le pertenecen. La fiscalización ciudadana de estos servicios es fundamental para mantener una nutrición adecuada de los niños, niñas y adolescentes beneficiarios, por lo que es importante estar al tanto de las minutas (detalle de las comidas), y exigir, en caso de ser necesario que se cumplan.

En el patio los juegos varían según la edad, es posible encontrar la práctica de deportes como el fútbol o "jugar a la pelota" (del inglés *foot*: pie, *ball*: balón), básquetbol (del inglés *basket*: canasta), balonmano o *hándbol* (de *hand*: mano), tenis, entre otros. El juego del *tenis* tiene su origen en Francia y su nombra deriva de la expresión *tenez* (en español *tened*), comúnmente utilizada durante el juego en sus orígenes y que significa algo similar a "¡ten!", "¡toma!" o "¡ahí va!".

Existen otros juegos no ligados a deportes como son *"el pillarse"* (también llamado *paco-ladrón* o *capacha*) que consiste en dos grupos que se alternan la función de escapar o realizar detenciones de sus compañeros. Los que escapan tienen la oportunidad de liberar a sus compañeros si logran llegar a la *capacha* sin ser detenidos. *Capacha* es una palabra utilizada en hispanoamérica para designar un local de reclusión de presos, sinónimo de presidio o cárcel. La pinta que consiste en "contagiar" (pegar las *pintas* o sarpullidos) a otro compañero librándose de la enfermedad y escapando para evitar ser "pintado" nuevamente. Este juego se denomina a veces como *"la tiña"*, haciendo alusión directa al contagio de una enfermedad, quizás en un tiempo le llamen *coronavirus*. El *cortacadena* es un juego que consiste en atravesar corriendo una cadena de niños o niñas tomados de las manos, buscando cortar la unión.

Existen otros juegos que tienen modas pasajeras pero que se repiten una y otra vez a lo largo de los años, como por ejemplo *el trompo*, *"las bolitas"*, el *yo-yo*, *"los monitos"* (láminas impresas), etc. En los más pequeños predominan los juegos de pelea, en diferentes formas, mientras que los mayores están más interesados en los deportes y las relaciones sociales. Quienes no entran en los grupos mayoritarios, se reúnen y crean amistades en espacios como el *Centro de Recursos para el Aprendizaje* CRA, antiguamente conocido como biblioteca, el que ya hace muchos años alberga más que libros.

La palabra biblioteca tiene su origen en el griego *biblion* que significó *libro* para griegos y romanos, pero la palabra *biblio* tiene un origen más arcaico. En el antiguo Egipto la escritura se realizaba, además del tallado en rocas, en láminas de un papel rudimentario elaborado con una planta acuática denominada *papiro*. En algún momento de su historia Egipto tuvo importantes relaciones comerciales con una ciudad fenicia ubicada en lo que hoy es el Líbano, siendo su principal fuente de *papiro*. El nombre de esta ciudad es *Biblos* y aún existe en la costa del mar Mediterráneo, su nombre fue asociado a *papiro* (papel) en un comienzo y luego a *libro*. La palabra Biblia tiene su origen en el latín y básicamente es "El Libro". En cierto periodo de la historia antigua, los griegos, que también utilizaban *papiros* tuvieron conflicto con Egipto por lo que debieron buscar una nueva base para sus escritos. Fue finalmente en la ciudad griega de Pérgamo donde se desarrolló un sistema de elaboración de láminas de cuero que permitía escribir en ellas, lo que fue conocido como *pergamino*.

Volviendo al colegio, un fenómeno interesante que se observa en los recreos son las diferencias de actividades entre hombres y mujeres. La mayoría de los juegos de niños son de gran movimiento y requieren un importante uso del espacio, lo que relega a la mayor parte de las niñas, quienes prefieren actividades más tranquilas, a los rincones lejos de las canchas (si se dispone de ellas) u otros espacios amplios. ¿Les han preguntado a sus hijas que hacen en los recreos?, ¿disponen de espacios adecuados?

Reflexión

Como espero puedan apreciar, el periodo escolar es bastante exigente para los niños, niñas y adolescentes. A la hora de escoger un centro educacional es importante notar algunas características que les permitan a los estudiantes un día a día más cómodo, considerando que tendrán que asistir por unos 2500 días desde pre kínder a 4° medio. Es recomendable un establecimiento que cuente con patios separados o recreos en horarios diferidos para los diferentes grupos etarios (de la misma edad). Es importante evaluar el espacio del establecimiento y la cantidad de estudiantes que atiende, así como conocer y tener la oportunidad de entrevistarse personalmente con el Director o Directora del establecimiento o indagar que cercanía tiene con los estudiantes. Son ellos los que toman las decisiones, para hacerlo correctamente, deben estar al tanto de las necesidades e inquietudes de la comunidad educativa.

Como consejo final tómese un tiempo para hojear las bases curriculares, son de libre acceso y están publicadas en las páginas del MINEDUC. En ellas podrán darse cuenta que los objetivos de aprendizaje van mucho más allá que la materia. Los contenidos están destinados al desarrollo de habilidades. La historia de Chile se enseña para valorarla y analizarla, no solo para conocerla. La matemática se enseña para resolver problemas, no en sí misma, sin contexto. Si no hay un problema para resolver, no se está generando la competencia (llegar a ser competente en su utilización). Las características de los diferentes tipos de textos se enseñan para lograr comprenderlos mejor y más aún para escribir y crear, ya sea cuentos, novelas, poemas o textos informativos como éste.

Cuando estudiaba en educación básica, en la década de 1990-2000, el paradigma educativo (modelo y objetivos de la enseñanza) era diferente y estaba más centrado en el *conocer*, en aquella época existían los denominados *Contenidos Mínimos Obligatorios* (CMO). Así llegué a conocer los tipos de hojas: *cuneiforme, dentada, aserrada, aovada* y las partes de una flor: *estigma, pistilo, estambre, sépalo,* etc. Una evaluación me presentaba el dibujo de una flor y debía completar con los nombres de sus partes, ¿para qué?, ¡pues para conocerlas! Hoy en día el *conocer* está destinado al desarrollo de habilidades. La observación de los diferentes tipos de hojas busca desarrollar en los alumnos la capacidad de describir, medir, comparar, analizar, plantear preguntas, formular hipótesis, investigar...bien podría ser con la observación de hojas, como con piedras, flores o nubes. El contenido es importante para conocer, pero más importante es el hecho de servir de medio para el desarrollo de *competencias*. Las bases curriculares emitidas el año 2013 ya no hablan de CMO, sino de objetivos de aprendizaje (OA) en sentido amplio, y habilidades.

5. Santiago, la ciudad

"Quien me ayudaría a desarmar tu historia antigua y a pedazos, volverte a conquistar…"

De la canción "*A mi ciudad*" del grupo
Santiago del Nuevo Extremo. (puede escucharla en
Spotify)

Reseña histórica

En 1942 Cristóbal Colón descubre el nuevo territorio que posteriormente adopta el nombre de América. Esta expedición fue financiada por los denominados *Reyes Católicos* Fernando II del *Reino de Aragón* e Isabel I del *Reino de Castilla* quienes, con su matrimonio, unieron sus reinos y fueron los responsables de la exploración y conquista del *nuevo mundo*. En los años siguientes, muchos españoles viajaron hasta América con la esperanza de obtener tierras y riquezas "hacerse la américa". Entre ellos está Diego de Almagro, quien después de participar de la conquista del Perú, organizó un viaje a las tierras del sur "descubriendo" la región que hoy denominamos Chile. *Chille* era el nombre que daban los habitantes de la zona al territorio comprendido entre Putaendo antes *Puthrayghentú*: "manantial que brota de un pantano", y el *río mapuche*, luego llamado Mapocho.

Los gobiernos españoles, para organizar los nuevos territorios, dividieron América asignándoles nombres de zonas o reinos españoles, tenemos así *Nueva León, Nueva Castilla, Nueva Andalucía, Nueva Granada, Nueva Extremadura*, entre otros. Castilla y León eran los reinos de los *Reyes Católicos*, Andalucía y Granada fueron reinos que por siglos estuvieron en manos de los musulmanes y que fueron reconquistados paulatinamente por el Reino de Castilla, finalizando el mismo año 1492 con la toma de Granada; por su parte Extremadura era en esa época una provincia de Castilla. *Extremadura* tiene la particularidad de ser la cuna de Pedro de Valdivia (quien inició la conquista de Chile), Francisco Pizarro (conquistador del Perú), Hernán Cortés (quien inició la conquista de México), Pedro de Alvarado (quien participó en la conquista de Cuba) y Vasco Núñez de Balboa (navegante que descubrió el océano pacífico), entre otros.

Es interesante ver que esta rebosante creatividad para nombrar los nuevos territorios lo vemos también en América del Norte. Las ciudades estadounidenses *New York* (Nueva York) y *New Hampshire* (Nueva Hampshire) deben sus nombres a las ciudades *York* y *Hampshire* de Inglaterra, mientras que *New Orleans* hace referencia a la ciudad *Orleans* en Francia.

Santiago de Nueva Extremadura es el nombre que escogió Pedro de Valdivia, el 12 de febrero de 1541, para la ciudad que fundó al llegar al *"valle de mapuche"*, en particular en la zona comprendida entre el río Mapocho y un brazo secundario del mismo que hoy no existe denominado *La Cañada*. Ambos brazos se dividían en el cerro *Huelén* y volvían a unirse en la zona de *chuchunco*. Cada día hay nuevos antecedentes que refuerzan la hipótesis de que lo que hizo Pedro de Valdivia fue venir a ocupar una ciudad Inca ya existente. Lo seguro es que el territorio ya se encontraba habitado y fue el cacique *Loncomilla* quien le asignó a Valdivia una parte de los terrenos del cacique *Huelén Huala* (sector conocido como como *Huelén*), para la fundación de la ciudad, quien recibió a cambio terrenos en Talagante.

La Cañada solo llevaba agua en las crecidas del río, siendo la mayor parte del tiempo un lecho seco y pedregoso, por lo que fue fácil convertirla en lo que se sería conocido como *camino La Cañada*, que constituyó el límite sur de la ciudad.

Santiago se convirtió en la Capital del *Reino de Chile*, hoy capital del país. Aprovecho para aclarar algunos conceptos. *País* hace referencia a un territorio con características geográficas y culturales propias. *Estado* es el conjunto de instituciones de la organización del país, por lo tanto, tiene soberanía (autoridad) sobre una población y un territorio, mientras que *nación* hace referencia a una población con características comunes (origen, cultura, etc.). Un país puede tener varios estados y varías naciones. En los *Estados Unidos de América* (*United States of América*, USA), se integraron en un país 50 estados diferentes, cada uno con su organización, leyes y gobernador propio, existiendo además un gobierno central y leyes federales que se aplican a todo el país. Otros ejemplos son los *Estados Unidos Mexicanos*, más conocido como México, con 32 estados y la *República Federativa de Brasil* con 26. En Chile tenemos un estado único y ¿una nación?, bien se puede considerar como naciones a los pueblos Mapuche y Rapanui, entre otros que habitan el país.

El trazado de la ciudad se planificó con el modelo *castellano*, similar a un tablero de ajedrez, denominado *trazado en damero*. En este tipo de planeamiento las calles principales se cruzan perpendicularmente formando ángulos rectos y generando manzanas rectangulares (cuadras). El trazado *castellano* se caracteriza además por organizarse en torno a un centro en donde se ubica la *plaza mayor* (para diferenciarla de otras plazuelas secundarias) y a su alrededor se situaban las principales instituciones laicas y religiosas. En realidad, en un comienzo se limitaba a las casas de los principales personajes, más que una *gobernación* estaba la casa del gobernador. La *Plaza de Armas* recibe su nombre, muy probablemente, por el pucará (fortaleza) que habría ocupado ese lugar a la llegada de los españoles. Hoy podemos encontrar en la *Plaza Mayor* la Catedral de Santiago, el Museo Histórico Nacional, que ocupa el antiguo Palacio de la Real Audiencia, la Municipalidad de Santiago y el Correo Central. Este último fue construido sobre los cimientos del antiguo palacio de los gobernadores, que también era su residencia y fue utilizado por cerca de tres siglos desde Pedro de Valdivia hasta Manuel Bulnes en 1846, fecha en que la sede de gobierno se traslada a la Casa de Moneda.

La Moneda, construida bajo la dirección del arquitecto Joaquín Toesca, tuvo como fin original efectivamente ser la casa de acuñación de monedas, aunque claramente, incluso para las autoridades de la época, su tamaño superaba en mucho las necesidades, siendo un verdadero palacio. La construcción demoró 25 años, periodo en que Toesca fallece sin lograr ver su obra terminada. Fue oficialmente inaugurado en 1805 y utilizado con sus fines originales hasta el traslado del

Presidente Bulnes entre los años 1845 y 1846. En los barrios San Alfonso y Republica, la avenida Toesca cruza de poniente a oriente entre la línea del tren y la estación de Metro, que tamb
ién lleva su nombre.

Quien conozca las zonas aledañas al Metro Universidad de Chile, a pocas cuadras de la Plaza de Armas, se encontrará que hacia la cordillera se levanta una gran construcción con torre de madera, es el convento e iglesia de San Francisco. Esta es probablemente la primera iglesia construida en Chile y tiene su origen en la *ermita del socorro*, pequeña capilla dedicada a albergar una imagen de la *Virgen del Socorro*, estatua tallada en madera que llegó a Chile con Pedro de Valdivia desde Perú. Es interesante descubrir que, en este lugar, por el que cientos de miles de santiaguinos pasan a diario, se encuentra aún conservada la estatuilla original. Además, por la antigua costumbre de enterrar a los muertos en suelo santo al interior de las iglesias, se encuentran ahí los restos de varios personajes históricos, entre ellos los de Marina Ortiz de Gaete quien fuera la esposa del mismo Pedro de Valdivia. Marina Ortiz también era de Extremadura, en particular de la *comarca La Serena*, nacida en el pueblo Zalamea. En 1544 Juan Bohon, por indicaciones de Pedro de Valdivia, fundó a 478 kilómetros al norte de Santiago una ciudad llamada *Villanueva La Serena*, hoy conocida solo como *La Serena*.

En el convento Franciscano, bajo la custodia de los monjes, están la medalla y pergamino recibidos en el 1945 por la poetisa chilena Gabriela Mistral al recibir el Premio Nobel. Alfred Nobel fue un industrial sueco famoso por inventar un explosivo más estable que la nitroglicerina, usada comúnmente en la época, y fabricada, entre otras, por su empresa. La nitroglicerina es muy inestable a ciertas temperaturas y a los golpes, lo que provocaba muertes accidentales constantemente, entre ellas la de un hermano de Alfred. Su invento se denominó *dinamita*. En su testamento redactado en 1985, un año antes de morir, dejó toda su fortuna para que, con los intereses, se entregara un premio anual a quienes durante cada año hubiesen realizado descubrimientos o inventos en beneficio de la humanidad, en los campos de la física, química, fisiología o medicina, literatura y a quien hubiese sobresalido por sus actos en favor de la paz, quedando de esta forma instaurado uno de los premios de mayor prestigio en el mundo, o quizás el más importante.

Paisaje natural

Volviendo a nuestro día, podemos imaginar que nos dirigimos a nuestro lugar de trabajo, como imaginar no tiene límites, voy a escoger un recorrido por la línea 5 del Metro en sentido norte.

Mientras viajo en un tren, con menos de 6 personas por metro cuadrado, observo la ciudad y la imponente *Cordillera de los Andes*. En realidad, lo que puedo ver desde la mayor parte de Santiago es la *Sierra de Ramón* (mal llamada *"Sierra de San Ramón"* o *"Sierra San Ramón"*), límite *este* de la ciudad. Recibe su nombre de Alonso García Ramón, gobernador durante dos periodos en el siglo XVII, época en que el territorio era aún colonia española (territorio administrado por el Reino de España).

Una sierra es un cordón montañoso pequeño en relación a una cordillera, en particular la sierra de Ramón mide unos 25 kilómetros entre los ríos Mapocho y Maipo que marcan sus límites y unos 12 kilómetros de ancho. Detrás de esta sierra, que alcanza los 3253 *m*etros de altura *s*obre el *n*ivel del *m*ar (msnm), se encuentra la Cordillera de los Andes.

Otra interesante montaña que podemos observar en nuestro recorrido es el *Cerro el Plomo*. Con la no despreciable altura de 5424 metros sobre el nivel del mar, posee cerca de su cumbre un imponente glaciar que se aprecia como una gran mancha blanca durante todo el año.

¿Cerro o montaña?, por lo general se hace la diferenciación por su altura, denominándose *montaña* cuando la altura es considerable y *cerro* a las elevaciones más moderadas. Esto no lo podríamos aplicar a nuestra sierra con *montañas* de 3200 msnm y a nuestro *cerro* con más de 5400 msnm. Más correcta es la diferenciación por la forma, denominándose *cerro* a las elevaciones sobre el terreno que poseen una cumbre aplanada, y *montaña* cuando las cumbres son escarpadas (con gran pendiente o desnivel).

La ciudad Santiago se caracteriza por presentar los denominados *cerros islas*, elevaciones en el terreno que no se asocia ni a cordillera ni a sierras, son verdaderas islas en medio de la ciudad. Los más conocidos son el Cerro San Cristóbal, antiguamente conocido como *Tupahue* (del quechua, significa "centinela"), tiene una altura de 880 msnm y 280 metros sobre el terreno circundante (que lo rodea) y ocupa el segundo lugar en altura. Este cerro forma parte del *Parque Metropolitano de Santiago*, el más grande de Chile y uno de los más extensos del mundo. El *Cerro Santa Lucía,* con 629 metros sobre el nivel del mar (msnm), pero solo con 69 metros de altura desde el terreno circundante. Era conocido por los habitantes originarios como *Huelén* o *welen* ya que era parte de los terrenos a cargo del cacique *Huelén Huala*, fue bautizado *Santa Lucía* por Pedro de Valdivia.

Durante la *reconquista* española, periodo posterior al primer intento de independencia de Chile que se inicia con la primera junta de gobierno el 18 de septiembre de 1810 y que termina en el *"desastre de Rancagua"* con la derrota de los *Patriotas*, bajo el gobierno de Casimiro Marcó del Pont, el cerro Santa Lucia se fortificó dejando hasta el día de hoy los torreones que se observan en la entrada actualmente. Con la construcción del *paseo* entre los 1872 y 1874, el cerro se transformó de un seco `y árido peñón en un verde y frondoso espacio. Las obras estuvieron bajo la conducción del intendente Benjamín Vicuña Mackenna (cuyo nombre encontramos en avenidas y calles de Santiago).

El *Cerro Chena*, ubicado al oeste de la comuna San Bernardo, es un sitio histórico al albergar un *Pucará* (fortaleza parte del Imperio Inca) del que aún permanecen restos. El *Cerro Renca* es el más alto de los *cerros isla* de la ciudad con 905 msnm y 300 metros sobre el terreno circundante. El *Cerro Navia* da origen al nombre de la Comuna. El *Cerro Blanco* da origen al nombre de la estación del metro en línea 2 y el *Cerro Calán* es conocido por albergar un radiotelescopio perteneciente al Departamento de Astronomía de la Universidad de Chile, el que puede ser visitado.

Los 19 cerros islas que forman parte de la ciudad son: *Loma Larga, El Manzano, Dieciocho, Los Pirques, Alvarado, Apoquindo, San Luis, Jardín Alto, Chequén, La Ballena, Las Cabras, Cerro Negro, Los Morros, Adasme, Hasbún, Amapola, Cerro del Medio, Los Piques* y *Quimey.*

En mi recorrido diario o el del lector, lo normal es cruzar varias comunas. En Santiago, según un interesante documento publicado por el Centro de Estudios Públicos, la mayoría de las personas tienen que viajar de 30 a 50 minutos en promedio para ir o regresar de sus trabajos y hogares. ¿Usted trabaja en su comuna? Personalmente por algunos años viví en *Quilicura*, mientras que mi trabajo estaba en *El Bosque*, en mi viaje cotidiano cruzaba *Conchalí, Independencia, Santiago Centro, San Miguel, La Cisterna* y *El Bosque*.

Comunas

Una comuna es la última división administrativa del territorio. Chile se organiza actualmente en 16 regiones, cada una con un *Intendente Regional* quien junto al *Consejo Regional* se encargan de la administración de cada territorio. En cada región el poder ejecutivo, es decir el presidente y sus ministros, están representado por el *Intendente* y los ministerios por las *Secretarías Regionales Ministeriales (SEREMI)*. Cada región se divide a su vez en provincias a cargo de *Gobernadores Provinciales* y con los ministerios representados a través de *Secretarías Provinciales*. Por último, cada *provincia* se divide en *comunas*, cuya administración recae a manos de un Alcalde o Alcaldesa, los que a diferencia de los cargos anteriores (excepto los consejeros regionales), son elegidos por votación popular. Internamente cada comuna se divide para fines prácticos en sectores o barrios, los que se utilizan para definir límites comunales. Los barrios por lo general reciben su nombre por la denominación de la hacienda, fundo o dueño de los terrenos en el cual fueron construidos o por las calles que se constituyen como su eje principal. Sin embargo, algunos barrios tienen sus nombres en otro origen.

La comuna de la *Estación Central* se ubica en el sector conocido antiguamente como *chuchunco*, palabra del mapudungun que significa "donde se perdió el agua" aunque probablemente el significado correcto sea "junta de aguas" ya que era el sector en donde se unían los dos brazos del rio Mapocho. Este sector de Santiago en un momento fue el límite oeste de la ciudad, siendo asociada la palabra *chuchunco* con un lugar alejado, sin embargo, el hecho de ser la entrada oeste de la ciudad la hizo ganar importancia como ruta de paso.

En *chuchunco* se construyó en 1857 la *Estación Alameda* que conectaba con la red de ferrocarriles al sur del país, convirtiéndose en el principal acceso de la ciudad, ese mismo año fue inaugurado el tramo ferroviario entre Santiago y San Bernardo. En el año 1900 fueron remodeladas las instalaciones inaugurando una nueva estación que es la que conocemos al 2020. En 1936 se iniciaron trabajos para excavar un túnel destinado a unir la red ferroviaria norte con la sur, los que finalizaron en 1944 siendo conocido como *túnel Matucana*. Con 2,3 kilómetros de largo este túnel permite a los trenes, salir de forma subterránea de la ciudad en dirección norte. De esta forma la *estación alameda* se transformó en la *Estación Central* de los ferrocarriles, nombre tomado por la comuna fundada en 1985.

En la comuna Estación Central se encuentra el *Barrio Pila del Ganso*, que debe su nombre a una fuente (pileta, pila) de un niño con un ganso, réplica de una escultura idéntica que se puede encontrar en el Museo del Louvre en Paris, Francia. Cuentan las historias que en este sector un grupo de ex soldados que combatieron en la Guerra del Pacífico, al no cumplirse las promesas del gobierno de proveerles tierras, se tomaron el terreno. En ese lugar ubicaron la pileta, que habría sido traída desde Lima (Perú) después de la guerra. Si bien el origen de la pileta no está confirmado, la población si fue ocupada por veteranos de la Guerra del Pacífico y por trabajadores de la empresa de Ferrocarriles del Estado.

El nombre *Quilicura* probablemente deriva de las voces mapuches *küla* y *Kura* (3 piedras), aunque otra explicación establece su origen en la frase *Quele Cura* (piedra roja) o probablemente deriva del nombre del gobernador Inca *Quilicanta*, quizás nunca lo sabremos. Fue fundada como ciudad el año 1901 y albergaba una comunidad agrícola. Con los años y a causa del crecimiento de población en la comuna y en los sectores aledaños, terminó siendo parte de la conurbación (unión de varios pueblos) que forma Santiago, situación similar a lo ocurrido con el pueblo ubicado al sur de la ciudad denominado San Bernardo, originado en la *Villa San Bernardo* fundada en 1821.

Conchalí "luz amarilla" (del mapudungun), nació como consecuencia de la alta inmigración que tuvo la ciudad entre los años 1907 y 1960, lo que provocó una gran cantidad de tomas y loteos como los del fundo *El Cortijo*, cuya entrada es conocida hoy como *La Arboleda*.

En 1535 cuando Gaspar Banda de Aguilar, quien fuese compañero de Diego de Almagro, regresó a España, fue perseguido por hereje (tener ideas contrarias a las de la iglesia católica). Ante esto hizo una *manda* (promesa) a San Miguel Arcángel pidiéndole ser absuelto de las acusaciones. Al conseguir salir bien del proceso construyó una ermita (capilla o pequeña iglesia dedicada al santo). Con los años la *Iglesia de San Miguel Arcángel* fue construida en ese lugar y la comuna recibió el nombre *San Miguel*.

La Cisterna en realidad se denominó en un comienzo *Lo Cisternas* y tiene su origen en el apellido del dueño de las tierras, lo mismo ocurre con *Lo Prado*, *Lo Barnechea*, por la deformación del apellido *Barrenetxea* y

Lo Espejo, por Pedro Espejo quien da el nombre a *Villa Lo Espejo* a finales del siglo XVIII.

El Bosque fue formada como comuna en 1981, pero no comenzó sus funciones hasta el año 1991. Ésta comuna tiene la particularidad de tener un único alcalde hasta la fecha, llamado Sadi Melo Moya, quien en los 29 años de administración se ha centrado en mejorar las condiciones de vida de la población, aunque no existe punto de comparación que permita una evaluación. La comuna fue llamada así por el *bosque* plantado hacia 1850 al norte del *"canal Espejino"*, que cubría desde el paradero 31 hasta la línea del tren en el paradero 40.

Volviendo a mi recorrido por línea 5, estoy viajando desde Puente Alto hasta Plaza de Maipú. *Puente Alto* fue originalmente una villa creada en 1898 como parte del nuevo *Departamento de Puente Alto* que incluía las subdelegaciones, *Lo Cañas, El Peral,* y el sector del *Puente Nuevo de Pirque,* más alto que el puente antiguo. El sector de *El Peral* es conocido por el *Hospital Psiquiátrico "El Peral"* fundado en 1927, perteneciente al Servicio de Salud Metropolitano Sur. En su recorrido hasta Maipú la línea 5 cruza la comuna La Florida, los límites entre las comunas Macul y San Joaquín, Santiago y Ñuñoa, Santiago y Providencia, Quinta Normal y Lo Prado llegando finalmente a Maipú, con un trayecto total de 30 kilómetros y 30 estaciones.

La Florida toma su forma final en 1934 luego de varios cambios administrativos en el territorio. Su nombre probablemente proviene de la vegetación precordillerana, con abundancia de flores silvestres característica de la zona, al menos, hasta antes del aumento de población.

El sector de *Macul*, del mapudungun que probablemente significaba "lugar de tierra blanca", era conocido ya con ese nombre por los antiguos habitantes, antes de la fundación de Santiago.

San Joaquín es una comuna que nace como resultado de la división en tres de la antigua comuna San Miguel en 1981 y debe su nombre a la *población San Joaquín* construida en 1960 en la Avenida San Joaquín. Esta división originó además la comuna Pedro Aguirre Cerda.

Antes de la organización del país en regiones, el territorio se dividía en provincias y a su vez en departamentos. En 1963 fue dividido el *Departamento de Santiago* en dos, creándose el departamento *Presidente Aguirre Cerda*, con su centro de administración en el territorio que pertenece hoy a la comuna San Miguel. Con el proceso de regionalización desaparecieron los *departamentos*, sin embargo, con la división de San Miguel en 1981 se recuperó el antiguo nombre *Pedro Aguirre Cerda*, que fue dado a la nueva comuna.

Pedro Aguirre Cerda fue un político y profesor de castellano, elegido para la presidencia de Chile entre 1938 y 1944. Fue conocido como *"el presidente de los pobres"* y es recordado por su frase *"gobernar es educar"*. Realizó importantes obras para el fomento de la producción y la educación, entre ellas, la Corporación de Fomento Fabril (CORFO), cuna de la mayoría de las empresas estatales.

En la actual comuna *Pedro Aguirre Cerda* se encuentra la población *La Victoria*. Ésta población nació el 30 de octubre de 1957 cuando unas 1200 familias del sector denominado "cordón de la miseria" en el Zanjón de la Aguada (cauce de agua que cruza Santiago de oeste a este), realizaron una toma de terrenos. En 1957 se produjo una explosión en la curtiembre y después una serie de incendios que dejaron 230 familias sin techo y afectó a otras 800, todas las cuales ya vivían en condiciones indignas. El gobierno de la época les prometió ayudas que no llegaron por lo que decidieron ocupar los terrenos aledaños a la denominada *Chacra La Feria*, con el fin de poder establecerse y construir viviendas dignas. En aquella época las denominadas poblaciones callampa (por su rápido crecimiento) eran comunes en las zonas periféricas de la ciudad, debido a que muchos migrantes del campo se acercaban a las ciudades en busca de mejores condiciones de vida. El 30 de octubre se movilizaron cientos de familias desde el *zanjón de la aguada* y fueron cercadas por carabineros en el lugar. La situación no pasó a mayores gracias a la acción del Cardenal José María Caro, quien intercedió para evitar un desalojo. Después de unos días, el gobierno finalmente cedió y la toma pasó a considerarse un *proyecto de población* con lo que los pobladores lograron una importante *victoria* para sus vidas y el futuro.

Ñuño es el nombre dado en mapudungun a una planta pequeña de hojas amarillas que cubría parte del territorio oriente de Santiago, el sector fue conocido como *ñuñohue*, y posteriormente *Ñuñoa*. La comuna fue creada en 1891 incorporando las delegaciones de *Las Condes* (futura comuna), cuyo nombre no tiene un origen claro y *Apoquindo* (del quechua: ramo o manojo de hojas de coca, ofrenda) nombre dado por los antiguos habitantes del territorio, que fue mantenido por los españoles, y dio origen al nombre de la avenida ("camino a Apoquindo").

Las recoletas, de recolectar, hacer colectas, son congregaciones pertenecientes a órdenes religiosas denominadas mendicantes (de mendigar: pedir limosna). La zona norte de Santiago era antiguamente conocida como *La Chimba,* palabra del quechua que hace referencia a "la otra orilla" o "al otro lado" del río (Mapocho), y era considerado un sector marginal fuera de la ciudad. En *la Chimba* se estableció en 1647 una recoleta perteneciente a los Franciscanos y en 1747 una recoleta Domínica. Con el paso de los años el sector pasó a ser "el de las recoletas" tomando ese nombre tanto la comuna como la avenida.

Vitacura significa "piedra grande", sin embargo, el nombre de esta comuna no se debe a la existencia de una gran piedra en el camino sino al *curaca*, título que recibían los gobernadores de un *Ayllu* (grupo familiar y territorio) de ese nombre, quien ocupaba la zona de la actual comuna.

Por último, Maipú, cuyo nombre se origina en un error y un modismo extranjero. Desde los primeros años el sur de la ciudad era conocido como el *valle de Maipo* (del mapudungun que significa "tierra cultivada"). El río que recorre esa zona también se denomina Maipo, al igual que la provincia. En el año 1818 el ejército realista, compuesto por las tropas que apoyaban al rey de España, en su intento de frenar la independencia de nuestro país, venían avanzando hacia Santiago desde Concepción, ciudad que aún era leal al rey y en donde habían desembarcado refuerzos provenientes de Perú. El 19 de marzo, a la altura de Talca, los patriotas fueron emboscados y derrotados en la batalla (o "desastre") de *Cancha Rayada* sufriendo más de 400 bajas y dispersando al ejército, que se replegó hacia la capital. En el continuo avance de los realistas hacia Santiago los patriotas finalmente les hicieron frente el día 5 de abril en el *llano de Maipo*. En una batalla digna de ser contada en todo detalle, los patriotas chilenos junto a los soldados argentinos arribados como parte del *Ejercito Libertador de los Andes*, comandado por José de San Martin, lograron la victoria dirigidos por nombres como Juan Gregorio de las Heras, Manuel Blanco Encalada, Isaac Thompson y Ramón Freire, entre otros. Bernardo O'Higgins, quien había sido herido en un brazo en Cancha Rayada, dirigía una unidad de reserva de 1000 hombres que se integró después del comienzo de la batalla. Una vez lograda la victoria se produjo el famoso abrazo entre los generales victoriosos San Martín y O´Higgins, quien cumpliría tiempo después el voto o promesa, realizado por el pueblo y las autoridades de Santiago a la Virgen del Carmen, de levantar un templo en el lugar de la victoria final. Los soldados, posiblemente los de origen argentino, se refirieron al enfrentamiento como la *Batalla de Maipú* acentuando la última letra y terminándola en "u", como normalmente hacían con los términos de origen indígena (como en Paysandú o Iguazú), así fue publicada y comunicada la noticia quedando en la historia. Esta historia ampliamente difundida y aceptada probablemente no es correcta ya que en un documento emitidio el 22 de enero de 1817 por Casimiro Marcó del Pont se utiliza el término Maypú. Al día de hoy la avenida principal de *Maipú* se denomina *5 de abril*, un sector de la comuna se conoce como *El Abrazo*, y se observa desde lejos el imponente *Templo Votivo*.

Calles y avenidas

Debemos considerar que tanto los sectores de la ciudad como las calles tienen su origen en el uso cotidiano, que a su vez toma sus referencias de cualquier elemento que sea característico de la zona. Citando a Luis Thayer Ojeda, importante historiador chileno, podemos decir que las calles y lugares *"han sido bautizadas por el pueblo"*.

Tenemos así el sector *del puente alto, ñuñoa, la arboleda, los cerrillos,* o *los morros.* Morro es un cerro bajo o peñasco, el pueblo cercano y el camino por que se podía llegar a él desde Santiago llevan también su nombre. En estos casos son los pobladores de la zona quienes nombran de una u otra forma al lugar para tener una referencia y posteriormente son nombrados de forma oficial respetando las designaciones tradicionales. Hasta el día de hoy se utiliza esta práctica, ejemplo de esto son las avenidas por las que cruzan los tendidos de alta tensión que por lo general se denominan *Las Torres* (por las torres de alta tensión), encontramos ejemplos en Quilicura, Huechuraba, Pudahuel, Peñalolén, entre otros a lo largo del país. También encontramos avenidas *Las Industrias* en varias comunas y ciudades del país.

Muchas veces los nombres de las calles se van acortando perdiendo su sentido original. El *Camino a Los Morros,* se convirtió en *Los Morros* (hoy Avenida Padre

Hurtado). Es muy probable que no hasta hace muchos años existieran letreros con la denominación original *"Camino a Los Morros"*. En Macul personalmente alcancé a ver el letrero que indicaba *"Camino a la Escuela Agrícola"*, de no ser por la cuarentena podría ir allá a ver si aún existe. Hoy la calle de denomina simplemente *"Escuela Agrícola"* y la estación de metro cercana lleva el nombre *"Camino Agrícola"*, es muy probable que en algún tiempo más se denomine simplemente *Agrícola*. Caso similar ocurrirá a futuro con el *Camino a Lonquén*, *Camino a Melipilla*, *Camino a Rinconada*, *Camino a Farellones* o *Camino a Lo Echevers* que ya se conoce popularmente como *Lo Echevers*. Es interesante notar que mientras se mantienen en la periferia de la ciudad no pierden su denominación, lo que se observa muy claramente en la calle *el mariscal* en la comuna Puente Alto, que apenas deja la zona urbana recupera su nombre *"camino el mariscal"*.

Si el lector se interesa en conocer el origen de los nombres de las calles a su alrededor es muy probable que descubra interesantes historias de hombres y mujeres que realizaron aportes a su comunidad, al país o al mundo en general.

No teniendo sentido indagar en todos los nombres de las calles de Santiago, me limitaré a algunas avenidas con nombres que en algún momento me llamaron la atención y averigüé su origen.

El Mariscal, antes *Camino El Mariscal*, era el camino de la antigua hacienda perteneciente a José Joaquín Prieto, quien fuera presidente de Chile entre los años 1831-1841. Además de político, Prieto fue un destacado militar alcanzando el grado de *Mariscal* (superior a brigadier y por debajo de teniente general), utilizó su grado para nombrar la hacienda de su propiedad ubicada en la comuna de Puente Alto.

Pajaritos, *Avenida Los Pajaritos* o *"camino de los pajaritos"*, era desde los tiempos de la colonia la vía que unía la ciudad de Santiago con una serie de haciendas y chacras ubicadas al poniente y sur de la ciudad. Según algunas versiones, su nombre se debe a la gran cantidad de aves que eran atraídas por las semillas y granos que caían suelo mientras eran transportadas por el camino desde y hacia las chacras. Es interesante notar que *chacra* es una palabra quechua que denomina un terreno personal o familiar, a diferencia de los comunitarios típicos en el sistema incaico.

La avenida *10 de julio Huamachuco*, evoca el triunfo del Ejército Chileno sobre las fuerzas peruanas que resistían la ocupación durante la Guerra del Pacífico. Esta victoria decisiva permitió el establecimiento de un gobierno aceptado por Chile para el proceso post-guerra, aunque la Batalla de Huamachuco no fue el último enfrentamiento entre ambos ejércitos.

Avenida *Departamental* fue el nombre dado al camino que se dirigía a la *cantera de Pedrero*, lugar en donde hoy se encuentra el estadio del Club de Fútbol Colo-Colo, esta calle pasó a ser el límite entre el Departamento de Santiago y el Departamento de Victoria, obteniendo de ahí su nombre (*límite departamental*)

Dehesa es el nombre que reciben los terrenos dedicados al pastoreo de animales por su abundancia de hierba, pero que están acotados o limitados, proviene del latín *defensa* que refiere un lugar acotado, limitado, protegido, etc.

Los Trapenses son los religiosos o religiosas pertenecientes a la *orden de la Trapa*, originada en la abadía Cisterciense (fundada por Cister) de la Trapa. Los monjes trapenses se pueden encontrar en Chile en la Abadía de Santa María de Miraflores en la ciudad de Rancagua, sin embargo, el primer monasterio fue fundado en 1960 en terrenos del valle La Dehesa.

Zapadores es el nombre que reciben los soldados del ejército que además de combatir, tienen la función de construir estructuras para el combate. En Chile el Regimiento Zapadores fue creado en 1877 y tuvo una destacada participación en la Guerra del Pacífico.

Tobalaba se denominó originalmente *"camino a Tobalaba"*. Esta palabra es la derivación del nombre de un cacique llamado *Topa lahue*, que luego fue utilizado para designar al lugar ocupado originalmente por su grupo.

En el *Centro de Santiago*, que alberga la zona de la *ciudad original*, tenemos una gran cantidad de calles que recibieron sus nombres por las órdenes religiosas ubicadas en las diferentes cuadras. Tenemos así la "calle de las *Agustinas*" por el monasterio de monjas agustinas, que tiene la particularidad de ser el primero en establecerse en Santiago (en 1841 la calle aparece con el nombre *San Agustín*). Por el convento de los mercedarios recibe su nombre la "calle de la *Merced*". En la "calle de la *Compañía*" se encontraba la misión de la *Compañía de Jesús*, quienes además tenían un colegio bajo el nombre *San Pablo* en la "calle de *San Pablo*" y una pequeña capilla dedicada a otro santo en la "calle de *San Diego*". El monasterio de *Clarisas de la Victoria*, se ubicaba en el camino conocido cariñosamente como *"la calle de las monjitas"* hoy *Monjitas*, también por esta orden religiosa se originan el nombre de la *"calle de las claras"*. Otras *órdenes* eran las de los *Teatinos*, de *Santo Domingo* y de las monjas *Rosas*.

Con orígenes diferentes encontramos a la "calle de los *huérfanos*", que recibe su nombre por el asilo para huérfanos construido por Juan Nicolás de Aguirre en el siglo XVII. La calle que llegaba al puente Cal y Canto era conocida como *"la calle del puente"*, hoy *Puente*. La "calle del *Mosqueto*" debe su nombre a las rosas mosquetas presentes en el lugar, existiendo antiguamente otra calle cercana conocida como *"calle del rosal"*. La "calle de la *bandera*" debe su nombre a la costumbre de Pedro Chacón y Morales de alzar sobre su tienda una gran bandera chilena.

En 1821 el Director Supremo Bernardo O'Higgins ordenó la renovación del camino *La Cañada*, convirtiéndose en paseo. Por este motivo se plantaron álamos en toda su extensión convirtiéndose en una *Alameda* y cambiando su nombre a *"Alameda de las Delicias"*, hoy conocida como *Alameda Libertador Bernardo O'Higgins*.

Para finalizar nuestro recorrido de la nomenclatura de la ciudad (modo de nombrar las cosas), me referiré a un lugar que no es barrio, comuna ni calle, simplemente es un sector. Cuenta la historia que luego de la victoria del *Ejército Libertador* sobre el ejército español en la Batalla de Maipo, fue interceptada una bolsa de correspondencia destinada al derrotado Mariano Osorio, la que finalmente llegó a manos de José de San Martín, general del ejército que luchó por Chile. Al examinar el contenido, San Martín se encontró con la sorpresa que muchos supuestos "patriotas" chilenos daban su apoyo al gobernador español...como la guerra ya había sido ganada, San Martín optó por no revelar estos documentos, lo que provocaría una división innecesaria entre los *Patriotas*, quemando todas las cartas. En este acto no se encontraba solo, junto a él estaba un General de origen irlandés llamado John O´Brien que apoyó la causa patriota. El sector que hoy es conocido como *La Pirámide* era parte de los terrenos pertenecientes Manuel de Salas, quien regaló a O´Brien una franja de tierra para la construcción de una vivienda. Fue él quien levantó un monolito con forma de pirámide para recordar este hecho y cuya historia se encuentra escrita en una placa a uno de sus costados.

6. El Trabajo

Después de dejar a las niñas en la escuela y de este viaje por Santiago lleguemos a la *"pega"*.

La Pega

En España el concepto *pega* se utiliza para designar un inconveniente o dificultad para realizar algo, el *trabajo* bien puede considerarse como la resolución de problemas que presentan inconvenientes para resolver, por esto probablemente se terminó asociando en Chile la palabra *pega* al trabajo, utilizándose tanto para el lugar como para la actividad.

Con la inmensa variedad de trabajos que se

pueden desempeñar resulta complejo responder a la realidad de cada lector, por lo que me centraré en algunos aspectos generales de lo cotidiano en la pega.

Trabajar se define como la realización de cualquier actividad física o intelectual por la cual se nos remunere, palabra que proviene del latín *remunerari*, que significa algo como *recibir un regalo a cambio*. La palabra *trabajo* proviene del latín *tripalium*, tipo de instrumento de castigo compuesto por tres maderos y *tripaliare*, que es utilizar este instrumento, por lo que el concepto principal tiene relación con torturarse o apalearse… Quizás parezca un poco exagerado pero no somos los únicos, en alemán el término es *arbeit* que tiene su origen en un concepto que expresa *esfuerzo* o *sufrimiento* y en inglés se utiliza *job*, nombre de un personaje bíblico cuyo nombre se asocia a *perseguido*, *odiado* o *el que sufre*, aunque no existe la certeza que la palabra se origine por esto. Por extensión le llamamos trabajo al lugar (voy a mi trabajo) y a las tareas (tengo mucho trabajo).

Al llegar a la *pega*, lo primero que debemos hacer es registrar nuestro ingreso. Hasta hace pocos años se utilizaba para este efecto un reloj marcador, que perforaba una tarjeta de uso individual en donde se mantenía un registro de entrada y salida. Con el tiempo la tecnología permitió imprimir la hora de entrada. Hoy en día cada vez son más comunes los lectores biométricos (del griego *bio*: vida y *metrum*: medida), en donde es posible registrar la huella digital (del latín *digitus*: dedo), esto permite un cálculo automático del tiempo trabajado, siempre y cuando no se nos olvide marcar.

Una vez en nuestro lugar de trabajo nos encontramos con que, además de cumplir un horario, tenemos un jefe que nos indica *"qué hacer"* y la mayoría de las veces *"como hacerlo"*. *Jefe* una palabra que deriva del latín *capitis* (que posee cabeza o que encabeza), así se origina la palabra también latina *capitaneus* (que origina la palabra *capitán*) la que es tomada por idioma francés como *chevetain*, derivando posteriormente a *chef* y luego pasando al español *jefe*. La palabra *chef* se sigue utilizando para el *jefe de la cocina*, mientras que *chief* es la palabra que se utiliza para *jefe* en inglés.

Independiente de la actividad todos los trabajos cuentan con una *secretaria* o *secretario* encargado de labores administrativas que, por el acceso, manejo y gestión de la información, se considera un cargo de confianza. Secretaria/o proviene del latín, *secernere* (separar) probablemente en la secuencia *secretum*, *secretus* y el tardío *secretarius*, términos que contienen la idea de separar, tamizar (colar, cribar), mejorar o perfeccionar. Esto se observa tanto en la raíz *se*, que indica separación) como en *cernere*: cerner, depurar, y tiene el mismo origen que la palabra *secreto* (apartado, separado), que consiste en separar del conocimiento público algunas informaciones. La herramienta indispensable para realizar tareas administrativas es el computador.

El Computador

El término computador proviene del latín *computare* que significa calcular, siendo ésta su función elemental.

Los componentes básicos de un computador son:

Disco duro (*hard disk* en inglés), es el componente físico o en donde se escriben los datos, ya sea de forma magnética o electrónica en el caso de los discos SSD, utilizando el sistema binario. El término *duro* comenzó a utilizarse para diferenciarlo de los antiguos discos blandos o diskettes (en inglés *floppy disk*). El diskette común de 1,4 Mb fue superado por mucho con la aparición, en la década de 1980, del CD, sigla de *compact disk* o disco compacto en castellano. El término compacto fue utilizado para diferenciarlo de los antiguos discos de mayor tamaño. El CD con sus 650 Mb desapareció finalmente en el año 2000. Hoy en día una memoria micro USB de 32 GB, como las usadas en los teléfonos celulares, puede almacenar la información de 52 CD o de 22.755 *diskettes,* todo esto con el tamaño de una uña.

El disco duro equivale a nuestra memoria de largo plazo, ésta mantiene almacenada información, pero no la tenemos en la conciencia hasta que la necesitamos y recordamos. Una vez que recordamos la información que estaba guardada y somos conscientes de ella, podemos utilizarla. En computación la información que se recupera del disco duro para su uso se almacena en la memoria RAM (Random Acces Memory) o memoria de acceso aleatorio, desde esta pieza, el procesador o CPU (*Central Processing Unit, unidad central de procesamiento)*, transforma los datos en imágenes, videos, documentos, etc. y envía esos datos procesados a la tarjeta de video para que podamos visualizarlos y a la tarjeta de audio para escucharlos si es necesario.

Cada vez que encendemos el computador vemos en el monitor unas letras blancas en un fondo negro, corresponde a información guardada en la placa madre (en inglés *motherboard*). Esta placa dispone de una pequeña cantidad de memoria en donde se guarda la información para iniciar nuestro sistema. Tiene el "conocimiento" de donde comenzar a leer nuestro disco duro y posee todos los circuitos necesarios para que funcionen todas las demás piezas de forma integrada.

Todos los componentes del computador, conectados entre sí por la placa madre, están alimentados de energía por la *fuente de poder* y se encuentran dentro de un *gabinete*, caja metálica especialmente diseñada para instalar la fuente, la placa madre y todos los demás dispositivos necesarios.

El monitor (pantalla), teclado, *"maus"* y otros elementos que están fuera del gabinete se denominan *dispositivos periféricos* o simplemente *periféricos*. El *"maus"*, sonido de la palabra inglesa *mouse* o "ratón" en español, fue inventado por los ingenieros Douglas Engelbart y Bill English en los años 1960. Su nombre original fue *"indicador de posición x-y para un sistema con pantalla"* …sin embargo durante su desarrollo los encargados del proyecto le llamaban *ratón* por su forma, nombre con que lo conocemos hasta el día de hoy.

Todos los componentes sólidos se denominan *Hardware* (del inglés *hard*: duro), mientras que los programas, máquinas virtuales que cumplen diferentes funciones, se denominan *software* (del inglés *soft*: suave). Son *hardware* el disco duro, las memorias RAM, la tarjeta de video, etc. y *software* programas como Word, Excel, Candy crush o Call of Duty, entre otros.

Al iniciarse el computador, proceso que ocurre desde que lo encendemos hasta unos 20 segundos, la placa madre carga el *sistema operativo*. El OS (*operating system*) es el programa o *software* básico (de base) para el funcionamiento de todos los demás programas. Dentro de los más utilizados esta *Windows* y los sistemas *Linux*.

Hasta antes de 1985 los computadores solo podían realizar una tarea por vez, si necesitábamos escribir un documento, todo el computador trabajaba en función del programa para escribir y la imagen era mostrada en una consola, terminal en donde los datos eran visualizados ya fuese impresos en papel o en una pantalla (monitor). En 1985 la empresa *Microsoft,* lanzó el primer sistema operativo que permitía utilizar más de un software a la vez a través de un sistema de ventanas, en donde cada una equivalía a una consola que mostraba un programa diferente. "Ventanas", fue el nombre que se le dio a este nuevo sistema operativo que en inglés es *Windows.*

A partir de los años 90 Microsoft desarrolló una nueva tecnología (New Technology) en el sistema Windows, conociéndose como *Windows NT.* Con el tiempo, los NT tomaron la denominación del año en que fueron lanzados, apareciendo así los *Windows 95, 98, 98* segunda edición o *98 SE, 2000* y *Millenium.* En 2001 se lanza *Windows Experiencie* (XP) y el 2009 sale la 7° versión de *Windows,* llamada *Windows 7,* hoy la más utilizada por la no muy buena experiencia de *Windows 8* y *8.1* (que al parecer fue considerado como el 9°), y que intenta ser mejorada en el actual *Windows 10.*

Linux es una familia de sistemas operativos que, a diferencia de Windows, son de código abierto, es decir, cualquier programador puede hacer modificaciones o crear sus propios sistemas operativos a partir de él. Su nombre se deriva del programador original, un estudiante de informática de la Universidad de Helsinki, en Finlandia, llamado Linus Torvalds. A partir del primer sistema operativo basado en su programación, se han desarrollado múltiples variantes, dentro de las que destacan los sistemas operativos *Debian*, *Ubuntu* y *Fedora* entre otros. Estos OS tienen la característica de ser desarrollados por comunidades de programadores los que, además, generan una gran cantidad de software que, a diferencia de la mayoría de programas para Windows, son gratuitos. Quizás esta información parezca alejada de la realidad del lector, sin embargo, uno de los sistemas basados en *Linux* más difundidos en el mundo es el conocido *Android*, presente en la mayoría de los teléfonos móviles.

7. El Regreso a Casa

El taco

Saliendo del trabajo prefiero regresar a la casa en micro, ya que no me gusta ser uno de los 6 pasajeros por metro cuadrado, ni el motivo de orgullo de los gerentes de *Metro*. Muchas veces las micros en horario punta tienen más espacio que el Metro, y se convierten en una buena opción, si no te importa el tiempo extra que producen los tacos en las calles. La palabra *"taco"* para referirse a la congestión vehicular es propia de nuestro país. En argentina se utiliza la palabra *embotellamiento*, que hace referencia al fenómeno "cuello de botella", (las botellas se caracterizan por tener solo una estrecha boca para extraer el líquido). El *taco* en

Colombia se denomina *trancón* y en inglés es un *traffic jam*. El uso *taco* puede tener su origen en la palabra atasco, que como otras palabras en Chile perdió el sonido "s" en el uso cotidiano quedando *ata´co*, y de ahí *taco*, esto es especulación mía y dudo que sea acertada. En un antiguo texto publicado hace más de 100 años denominado *"Voces usadas en Chile"* se indica que los chilenos utilizaban la palabra *taco* para referirse a un estorbo y es probablemente el origen del uso para referirse a la congestión vehicular. Un taco es una pieza de madera utilizada para trancar las puertas, utilizado antiguamente. Es interesante notar al leer ese libro, que desde la publicación en el año 1900 los usos del lenguaje no han cambiado mucho.

En el habitualmente largo viaje a casa, la micro circula por algunas avenidas que disponen de vías exclusivas para los buses, las que fueron implementadas con el Transantiago. En los sectores en que no se dispone de ellas, el *taco* me da tiempo para escuchar noticias o leer algún artículo interesante, como un informe publicado por el Instituto Nacional de Estadísticas (INE) que revela que en la Región Metropolitana existe un total de 2.124.481 vehículos circulando (al año 2018) con 1.620.212 solo en la Provincia de Santiago. A mediados del 2019 ya se habían vendido más de 35.000 autos usados y hacia octubre se habían sumado más de 170.000 automóviles nuevos.

Los Automóviles

Automóvil (que se mueve por sí mismo) es el nombre que reciben los vehículos a motor (*motorwagen* en alemán), creados originalmente por Carl Benz en 1885. En 1926 la empresa de Benz se fusionó con su competencia, los vehículos Daimler cuyos *motorwagen* eran distribuidos por Emil Jellinek. Emil como gerente de la empresa tuvo la oportunidad de nombrar uno de los vehículos *Daimler-Mercedes* en honor a su hija. Debido a que la empresa Daimler había vendido los derechos para que sus automóviles fueran fabricados en otras partes el mundo, se optó por nombrar a la nueva empresa nacida de esta fusión *Mercedez Benz*, que es como la conocemos ahora.

El concepto automóvil al referirse a la capacidad de moverse por sí mismos, y no con caballos, burros o personas, como antiguamente, se extiende a cualquier vehículo que tenga esa condición, por ejemplo, el autobús. Es el uso cotidiano, el tipo de carrocería (cubierta metálica del vehículo) y las funciones de los diferentes automóviles, los que le han dado variedad de nombres. Mientras regresamos a casa en la micro podemos ver por la ventana *autos*, como denominamos comúnmente al modelo *sedán* palabra del inglés que denomina un tipo de asiento. Si el vehículo sedán tiene dos puertas es un modelo *cupé* (de *cuper*: cortar, un "*sedán* recortado*"*). Ambos tienen la desventaja de perder el espacio sobre el maletero. Los vehículos que utilizan este espacio se denominan *hatchback,* más conocido por nosotros como *Station Vagon*. Los vehículos *todo terreno*, conocidos popularmente como "Yip", deben su denominación al fabricante de vehículos *Jeep*. Esta empresa utilizó el sonido de la sigla GP (con sonido "yi pi") utilizada por la empresa Willys-Overland Motors para denominar a los vehículos de "propósitos generales" (*General Purpose*) fabricados a petición del ejercito de los Estados Unidos para ser usados en el frente durante la segunda guerra mundial. Estos vehículos debían tener la característica de adaptarse a cualquier terreno. ¿Será necesario utilizar un yip en la ciudad? Otros automóviles que se ven transitando las calles de Santiago son los *furgones* y *furgonetas*. Un *furgón* es un vehículo cerrado con fines exclusivamente comerciales, para el transporte de carga o personas. Cuando el *furgón* está destinado a la carga no posee ventanas, mientras que si transporta pasajeros si las tiene. Cuando tiene un tamaño menor se denomina *furgoneta*.

Camión es la palabra francesa, adoptada por nuestro idioma para denominar un vehículo de carga, mientras que *camioneta* es un camión de menor tamaño. *-Eta* es un sufijo utilizado para indicar un tamaño inferior como ampolleta (de ampolla), patineta (de patín) o avioneta (de avión).

Antiguamente los vehículos que recorrían Santiago tenían que hacerlo por calles con adoquines (piedras rectangulares), las que aún se observan en avenidas del centro de la ciudad bajo algunas capas de asfalto (mezcla de derivados del petróleo con otros elementos). Las ruedas sólidas hacían que los viajes fueran bastante movidos.

Los primeros automóviles que circularon en Chile a principios del siglo XX ya contaba con un mecanismo de suspensión, principalmente de hojas superpuestas y las ruedas ya eran neumáticas. *Neumático* es una característica (un adjetivo) y se refiere a algo que funciona con aire, proviene de la palabra griega *pneuma* (aire, respiración) y da origen a *pneumon* (pulmón, algo así como *"aireon"* o respirador) y *neumonía* (inflamación de los pulmones), entre otras. Quien trabaje con herramientas sabrá que hay una serie de equipos que utilizan como fuente de potencia el aire comprimido, existen martillos neumáticos, clavadoras, engrapadoras, llaves de impacto, etc.

La rueda neumática fue inventada en 1845 por el escocés Robert Thomson, sin embargo, fue John Boyd Dunlop, veterinario escocés quien popularizo su uso al "inventarla" nuevamente en 1888 cuando reemplaza las ruedas de caucho sólido de la bicicleta de su hijo con unos tubos de goma inflados y forrados. El derecho de patentar este sistema inventado dos veces fue finalmente para el escocés. Los neumáticos *Dunlop* aún se venden en Chile y el mundo.

El invento del *neumático* no hubiese tenido mayor valor sino fuese por otro descubrimiento anterior. El caucho es un compuesto orgánico que se produce a partir del látex, resina que se extrae gota a gota de ciertos árboles originarios de centro y sur américa. El caucho ya era utilizado por los indígenas de esas zonas, de hecho, es el goteo de la resina lo que llevó a denominar al árbol *cautchouco* "árbol que llora" siendo conocido por nosotros como *caucho*. Con esta resina los indígenas fabricaron pelotas de goma que utilizaron en algunos juegos. La baja duración del caucho por su rápida descomposición, limitaba de forma importante su uso. No fue hasta que un entusiasta empresario norteamericano, quien dedicó cerca de 5 años de su vida en buscar la forma de darle más firmeza y resistencia, finalmente pudo darle más firmeza y durabilidad. Según cuenta la historia, mientras exploraba opciones, accidentalmente cayó sobre un calentador una mezcla de caucho y azufre, obteniendo un caucho mucho más resistente. Denominó a su producto *caucho vulcanizado*, por *vulcano* dios romano del fuego, el nombre de este empresario, Charles *Goodyear*.

Arriba de la micro y en el taco, tengo suficiente tiempo para pensar en todas estas cosas y más. Una de las características de la ciudad de Santiago es su nula planificación, la Gran Avenida José Miguel Carrera en la zona sur, no dispone más que de 3 pistas por sentido y habitualmente una de ellas está ocupada por vehículos estacionados. Las estaciones del metro de línea 4A, cuentan con andenes que en algunas secciones no superan los 2 metros de ancho y se colapsaron ya en los primeros días de uso. ¿Cómo lo haremos para enfrentar el aumento de vehículos y sobre todo la concentración de población? El sector en donde vivo es antiguo, las calles son estrechos callejones con casas sin antejardín, y a pocas cuadras se levantan varios edificios, ¿aguantará este sector un aumento de miles de personas en poco tiempo?

La venta ambulante, a luca y a gamba.

Tengo hambre, por suerte nuestro sistema de transporte cuenta con muchos proveedores de alimentos y bebidas. Los vendedores ambulantes son característicos de nuestro país y ciudad, con esto no quiero decir que solo existan en Santiago de Chile, pero no están presentes en todo el mundo. La oferta directa de la distribuidora con "50 lápices de colores" por una *luca* o el "*pack* de 5 revistas para pintar más un *set* de reglas y escuadras para el escolar por $500 pesos", son cosas que solo se ven normalmente en las micros y desde hace pocos años en el Metro. *Set* es un anglicismo que hace referencia a un conjunto de elementos con un fin común, como las reglas y escuadras, que sirven para medir. Cuando se trata de objetos para diferentes usos o características de habla de *pack* (paquete), en nuestro caso revistas y reglas.

La *luca* es la denominación tanto del billete de $1000 como de la cantidad (podemos tener una *luca* en monedas). El origen de esta palabra no es claro, y parece ser muy antiguo ya que es utilizada en Argentina, Colombia y Uruguay. Una explicación posible es que su origen se asocia a la palabra *peluca*. En el siglo XVIII se denominaba popularmente *pelucona* a una moneda de oro de una onza (8 escudos), por la imagen grabada de Felipe V, rey de España, quien aparecía, como de costumbre en la época, con una voluminosa peluca. Es muy probable que *pelucona* derivara en *peluca* y se acortara con el uso popular a *luca*.

Por lejos el producto más común que podemos encontrar en una micro es el *Super 8*. Nombrado así por sus 8 capas entre oblea y crema, es uno de los productos más consumidos en el país. El *super 8* es fabricado por la empresa multinacional Nestlé desde que en 1989 comprara la galletería *Mackay*. Según lo informado en su página web, se consumen en promedio 234.934 *super 8* al día en Chile, lo que los obliga a producir cerca de 90 millones de unidades al año.

El *oba-oba* es otro de los clásicos que podemos encontrar en la locomoción colectiva, una barra de sustancia o *marshmallow* "malva" o "malvavisco" (en su receta original se utilizaba extracto de la planta del mismo nombre) cubierta por crispis y chocolate. *Crispi* que ya está españolizado informalmente, proviene del inglés *crispy* que significa crujiente o crocante. Comercializado ampliamente en los años 1980 y 1990, el *oba-oba* hizo su reaparición hace un par de años, y es una buena alternativa por una *gamba*. En Chile denominamos *gamba* a la moneda de $100 y a la cantidad, aunque también se utiliza para nombrar al *pie*. Al parecer tiene su origen en el nombre de un antiguo billete de 100 que tenía el color rojo similar al de las gambas, crustáceos semejantes a los langostinos y camarones. Sin embargo, no pudiendo encontrar más de dos fuentes que lo afirme no puedo asegurarlo, además… ¿alguien ha comido gambas?

Mientras disfruto el *dulce* me percato que voy llegando a mi destino. La forma de avisarle al conductor ha evolucionado en pocos años. *"En la parada por favor"*, fue reemplazado por el acto de tirar un cordel que movía una campanita cerca del chofer, con los años la campanita fue reemplazada por un timbre y luego los timbres se repartieron por el interior del bus desapareciendo el cordel. También la apertura de puertas pasó de una palanca con un complejo sistema de distribución de fuerzas, que invariablemente se atascaba, a un botón que, al accionarlo, libera parte del aire comprimido acumulado para activar un mecanismo neumático. El aire que acumulan y comprimen los buses les permite también inclinar, subir y bajar su carrocería para adecuarse a la altura de los paraderos o andenes.

Los mercados y supermercados

Me bajé un poco antes porque debo pasar al supermercado. La palabra *mercado* proviene del latín *merx* (mercancía), *mercati* (obtener mercancías, comprar) y *mercatus* (comerciar). La definición indica que es un lugar público en donde se encuentra un conjunto de tiendas o puestos de venta en el que, obviamente, se pueden comprar productos. En Santiago tenemos importantes mercados como son el *Mercado Central de Santiago*, que ofrece una gran variedad de productos siendo más conocido por sus marisquerías, pescaderías y restoranes o restaurantes. La palabra *restaurante* proviene directamente de *restaurar* o recuperar, antiguamente se le denominaba *restaurativo* a una sopa de carne. El edificio del Mercado Central fue inaugurado en 1872 y cuenta actualmente con total de 241 locales. Ocupa el lugar en donde originalmente Toesca iba a construir el palacio de la Moneda.

Otro importante mercado en la ciudad es la *Vega Central*. Una vega es un terreno húmedo generalmente a la orilla de un río. En *La Chimba*, particularmente en un sector conocido como *la vega del Mapocho*, acostumbraba llegar un gran número de personas para vender sus productos. Con el paso de los años se comenzaron a construir varios galpones para la descarga y venta de productos agrícolas y el sector pasó a denominarse la *Vega Central* que hoy cuenta con cerca de 1000 locales de diversos productos.

En el sector poniente de la ciudad se encuentra el *Mercado Lo Valledor*. Es considerado el más grande de Chile en relación al volumen de productos que comercia, tiene su origen en 1968 como un centro de abastecimiento para las ferias libres de la ciudad por lo que la venta principal es mayorista.

Actualmente en 2020 se encuentra en proyecto la remodelación del *Mercado Municipal de Providencia* inaugurado en 1947. Es muy probable que el proyecto sea suspendido debido a la *Pandemia* y sus efectos sobre la economía.

En el sector centro-sur de Santiago podemos encontrar el *Mercado del Matadero Franklin*, esta zona incluye una enorme cantidad de comercio de todo tipo. Su origen se remonta a la construcción del *Matadero Público* para el faenado de carne, en terrenos donados por Antonio Vial y Formas (recuerde *Lo Vial*). En los alrededores se construyeron las primeras viviendas del sector, pero adquirió mala fama en parte porque los *cuchilleros* (matarifes, encargados de matar y descuartizar al ganado) eran mal vistos a causa de su trabajo y además porque el sector tenía condiciones insalubres al deslindar con el Zanjón de la Aguada.

Los intentos de mejora por parte del estado incluyeron la construcción de villas con mejores condiciones, aumentando la población. En 1902 se instaló en el sector la *Fábrica Nacional de Vidrios* destinada a la fabricación de botellas, damajuanas (garrafas y similares) y otros artículos de vidrio blanco. Esta fábrica, al igual que otras de la época, contaba con trabajadores y trabajadoras con edades que iban desde los 8 años.

En los alrededores del matadero comenzaron a surgir curtiembres que se dedican a la preparación de la piel de los animales para producir *cuero* y, junto con éstas, se instalaron fabricantes de calzado, carteras y otros artículos de este material. Con la crisis de 1929 aparecieron en el sector una gran cantidad de vendedores ambulantes, originando que, con los años, el sector fuese atestado de comercio formal e informal. Dentro de esta zona se encuentra el *persa Bío Bío*, el *Mall del mueble*, el *Mercado de carnes*, el *Centro Comercial Las Gangas* y una serie de galpones especializados en computación, impresión, antigüedades, música, comida, herramientas, repuestos y un sinnúmero de otros locales, lo que lo convierte en un paseo muy interesante. Incluso podemos encontrar una tienda de *pianos* (suave). Originalmente al piano se le denomino "clavecín de sonido suave y fuerte" en italiano *"clavecimbalo col piano e forte"*, posteriormente su nombre se redujo a *pianoforte* y luego a *piano* "suave". Con la construcción de la estación de Metro Franklin, por línea 3, se encontró un sistema de alcantarillas de principios del siglo pasado y una serie de restos arqueológicos que se pueden ver hoy en la estación.

Un supermercado en Santiago tiene algunas diferencias y algunas similitudes con respecto a los mercados. En primer lugar, no es un lugar público sino privado, tiene la modalidad de autorservicio y el pago es centralizado al finalizar la compra. ¿Entonces que tiene en común?, que es cada empresa quien se encarga de sus productos. Existen reponedores (encargados de restituir los productos en las estanterías) y promotores, ambos contratados por cada marca para la promoción y venta de sus productos.

Las Marcas

¿Qué es una marca? Como me pasé un poco en la micro puedo contarles esta historia un poco larga mientras me devuelvo caminando.

Hace unos 8000 o 9000 años surge en la humanidad un descubrimiento que definiría nuestra historia, la agricultura. De ser nómadas recolectores y cazadores y estando siempre expuestos a los caprichos de la naturaleza, el ser humano logra cultivar sus propios alimentos y cuidar y multiplicar al ganado estableciéndose en lugares fijos (sedentarismo). En este largo proceso comienzan a aparecer diferentes funciones dentro de los grupos humanos, los campos debían cuidarse de otros grupos aún nómadas, por lo que surgieron soldados, otros pudieron dedicarse a la creación de artefactos y cambiarlos por granos o carne y otros tomaron la responsabilidad de organizar. Surgen así los primeros asentamientos humanos, aldeas. Con el paso de los siglos las aldeas crecieron y se convirtieron en ciudades. Es el comienzo de la *civilización*, la vida en *ciudades*, hogar de los *ciudadanos*. Estos cambios surgieron en la zona que hoy es conocida como Irak, al lado del Irán de los persas, entre los ríos *Tigris* y *Éufrates*. "Entre ríos" en griego es *meso-potamia*, y es el nombre en que conocemos a esta zona cuna de las civilizaciones más antiguas de la historia. Es interesante notar que *pótamo* "rio" origina también las palabras *hipopótamo* "caballo de río" y agua *potable*, algo así como "agua de río". En Mesopotamia, por varios cientos de años, se establecieron diferentes pueblos en ciudades que iban siendo atacadas y dominadas por nómades que posteriormente se asentaban, agregaban o tomaban elementos culturales de los pueblos ocupados y corrían la misma suerte que sus víctimas al ser nuevamente invadidos. Dentro de estos vertiginosos cambios llegan los Sumerios, quienes se establecieron en ciudades ya construidas, las que disponían de sistemas de canales para el transporte de agua, lo que permitió el desarrollo de una agricultura a gran escala (para la época). Es este pueblo el que desarrolló construcciones monumentales, como palacios y centros religiosos denominados *zigurats*, por lo que son considerados la primera civilización de la historia.

Lamentablemente a diferencia de los egipcios, quienes utilizaban roca, los sumerios y todos los pueblos que habitaron esa zona construyeron con ladrillos de adobe (barro y paja), por lo que quedan muy pocos restos en la actualidad. Los emplazamientos de las antiguas ciudades solo pueden ser reconocidos por los montículos de tierra que resaltan en el paisaje. *Montículo* en árabe es *tell*, por esa razón, los restos arqueológicos de las ciudades se conocen como *tell*... y algo más, como por ejemplo el yacimiento de *Tell Hassuna* en Irak. Mismo origen tiene el nombre de la ciudad *Tel Aviv* en Israel, construida en una colina.

En la fabricación de vasijas y artículos de barro, los artesanos comenzaron a realizar *marcas* a modo de firma, para identificarlos como objetos de su creación, para esto utilizaban sellos, similares a los timbres actuales, sobre todo los usados en notarías que tienen relieve. Si bien no fueron los únicos en marcar sus obras, en esta civilización la *marca* fue utilizada también, por la necesidad de llevar el control de una gran ciudad, para elaborar registros. Los registros eran inscritos en tablas de barro y la escritura correspondía a dibujos que representaban ideas. Probablemente una espiga representaba la producción de cereales y unas vasijas indicaban la cantidad. Fue la primera escritura de la humanidad. Estos dibujos fueron perdiendo su forma original con los años convertirse finalmente en símbolos, ya diferentes de los originales, al igual como sucedió con la escritura China.

Actualmente las empresas siguen utilizando marcas en la forma de nombres y logos para sus productos. Veamos algunas de las más conocidas popularmente.

En el pasillo de entrada del supermercado por lo general se encuentran electrodomésticos (aparatos eléctricos de uso doméstico) y probablemente busquemos las tradicionales *Mademsa, Fensa, Sindelen* o *Somela*.

La empresa *Manufacturera de Metales Sociedad Anónima*, Mademsa, nace en 1937 en la calle Ureta Cox, en Gran Avenida. *Fensa* nace en Valparaíso el año 1905 como la *Fábrica de Enlozados Sociedad Anónima*. *Somela* S.A. nació en 1961 como *Sociedad Metalúrgica y*

Laminadora.

Fensa y *Mademsa* se fusionaron en 1975 y posteriormente fueron adquiridas en 2011 junto a *Somela* por *Electrolux*, empresa multinacional de electrodomésticos de origen sueco. Si busca un refrigerador *Fensa* o *Mademsa*, tendrá que optar por uno usado ya que producción fue suspendida el año 2019 para centrarse solamente en lavado y cocina. *Sindelen Electrónica Arica S.A.I.C* nace del emprendimiento de un joven gerente de Mademsa que, buscando independizarse, crea la Compañía Metalúrgica Montanari y Simonetti, conocida en los años 60 por las estufas *Caluret* y los calefactores *Comet*. En 1961 cambiaron su nombre a Compañía Industrial Metalúrgica (Cimet) famosa posteriormente sus rodados. En 1976 esta empresa se fusionó con la ya existente compañía *Sindelen* creando *Cimet-Sindelen* y adoptando finalmente solo el nombre *Sindelen* en 1992.

Existen muchas marcas (empresas) de origen chileno, incluso algunas que se han posicionado a nivel internacional. Como ejemplos podemos mencionar la *Línea Aeropostal Santiago - Arica*, más tarde llamada Línea Aérea Nacional o LAN, cuyo nombre ya no tiene sentido desde 1985 en que es traspasada a privados en el gobierno de Augusto Pinochet. Junto a ésta, muchas empresas nacionales fueron privatizadas y sus ganancias pasaron a privados, en vez de financiar mejoras al país en salud, obras públicas, educación, vivienda, autopistas, etc. Las más conocidas son ENDESA o Empresa Nacional de Electricidad, vendida a capitales españoles; CTC o Compañía de Teléfonos de Chile, comprada por la empresa española Movistar; la Sociedad Química y Minera de Chile (SOQUIMICH) con un 37,5% de propiedad del estado de Chile, fue vendida al yerno del ex presidente Augusto Pinochet bajo su gobierno; la Empresa Forestal Arauco, privatizada en 1977 , pertenece hoy al grupo Angelini; la Empresa Nacional del Cemento, adquirida por Cementos Biobío en 1978; IANSA privatizada completamente en 1988; ENTEL o Empresa Nacional de Telecomunicaciones, privatizada entre 1986 y 1992; ChileFilms privatizada en 1989 y un etcétera que incluye otras 23 empresas. Si alguna vez se pregunta porque se paga el TAG, la respuesta es que el estado de Chile no dispone de fondos para financiar obras públicas de la magnitud (tamaño) de las autopistas, sin tener que dejar de lado otras inversiones en educación, salud o vivienda, entre otras y tampoco tiene la voluntad de cobrar impuestos a las altas rentas o patrimonios al nivel del resto de los países del mundo. La principal recaudación del estado está en el impuesto al valor agregado IVA que equivale a un 19% de cada compra que usted realice. Cada vez que usted compra un kilo de pan a $1.000 está pagando $810 por el pan y $190 al estado como impuesto, si compra una lavadora de $150.000, está pagando $121.500 por la lavadora y $28.500 pesos en impuesto. Si el vendedor del pan no le entrega la boleta, está evadiendo impuestos y dejándose los $190 pesos para él, es probable que un fiscalizador a la salida del negocio le pida la boleta, y si usted no la tiene le cursará una multa al vendedor. Esto ocurriría mientras el servicio de impuestos internos condona (perdona) a las grandes empresas unos $619.200.000.000 en impuestos entre 2008 y 2018 con lo que se pagarían los TAG, se mejorarían escuelas o habría especialistas en los hospitales.

Alimentos

Volviendo al supermercado transitaremos ahora por la zona de *abarrotes*. El término abarrote deriva de la palabra *abarrotar* que significa "llenar por completo". Pueden entenderse los *abarrotes* como los alimentos que llenan una bodega o despensa. Este uso solo se da en países hispanoamericano y se utiliza, además, en Colombia, Honduras, Ecuador, México y Panamá, para nombrar la tienda que los vende. En español también se utiliza la palabra *abasto* (de abastecer) para el conjunto de víveres y el mercado en el que se venden. En Buenos Aires, Argentina, es posible encontrar el *Mercado de Abastos*, construido a principios del 1900, que actualmente es el equivalente a un *Mall* en Chile.

Dentro de los abarrotes indispensables tenemos

el aceite, generalmente de maravilla (girasol). El *girasol* obtiene su nombre de su fototropismo (movimiento como respuesta a la luz), debido a que durante el día la flor se dirige en todo momento hacia el sol, girando desde la mañana hasta la tarde. Sus semillas contienen más de un 50% de aceite y son consumidas tostadas y saladas en sectores rurales. Desde el año 2016, con la ley que regula la oferta de alimentos en el entorno escolar, se ve cada vez más su venta en las escuelas y liceos. El aceite de oliva, fruto del olivo conocido más comúnmente como aceituna, es más costoso que el de maravilla y es característico de la zona mediterránea (mar interior entre Europa y África), siendo España el principal productor a nivel mundial. Para los que piensen ¿en serio está escribiendo de aceites? puedo responder que siempre quiero llegar a algo especial y el *aceite de canola* tiene un origen muy interesante ya que no existía ninguna planta en el mundo con ese nombre hasta los años 70. *Canola* es la sigla de *CANadian Oil Low Acid*, (aceite canadiense bajo en ácido) y designa a una variedad se semillas creadas en los años 70.

El raps o colza, de nombre científico *Brassica napus*, fue utilizado en Chile desde 1950 hasta mediados de la década de 1980 para la fabricación de aceites tanto de consumo animal, principalmente para la alimentación de salmones, como humano. Este aceite tenía la característica de poseer altos niveles de ácido erúcico y glucosinolatos, los que son tóxicos en altas cantidades. En la primavera de 1981 se produjo en España, en donde estaba prohibido para consumo humano, el denominado *síndrome del aceite tóxico* o *enfermedad de la colza*, afectando a más de 20.000 personas y provocando la muerte de unas 1.100. En Chile a partir de los años 1990 se vuelve a cultivar raps, pero esta vez en versiones modificadas denominadas *Canola* que contienen un menor porcentaje de ácido. Las técnicas de purificación han hecho seguro este aceite para el consumo humano y se ha visto reaparecer en los últimos años en supermercados y tiendas de abarrotes. Actualmente el raps en sus variantes *Canola* son el segundo cultivo más grande para la producción de aceite después de la *soja* o *soya* a nivel mundial.

Las legumbres como el poroto, garbanzo, arveja, etc. son las semillas de las plantas leguminosas y se encuentran dentro de una vaina o capi (palabra quechua). Estas semillas se caracterizan por su alto contenido de proteínas que puede llegar hasta el 25% de su peso. Dentro de las legumbres encontramos a la soya, la que además de contener un alto porcentaje de proteínas contiene un alto porcentaje de aceite, fabricándose así carne vegetal (deshidratada o en forma de hamburguesas, salchichas, etc.), aceite, salsa de soya (elaborada en base a soya tostada y fermentada), harina y leche (*Ades, Loncoleche soya*, etc.), entre otros productos.

El arroz es uno de los alimentos más

consumidos a nivel mundial. La producción anual de este grano alcanzó cerca de 500 millones de toneladas en el último año de producción y es parte de la dieta básica de chinos, hindúes, japoneses, y la mayoría de los países del sureste asiático, consumiéndose tanto en grano como en forma de harina.

En China no hace muchas décadas se vivió una importante escasez de alimentos, en algunas zonas la gente solo disponía de arroz, lo que evidentemente no es suficiente para satisfacer todas las necesidades de nutrientes (proteínas, vitaminas y minerales) sobre todo desde la costumbre de pulirlo de forma mecánica y consumirlo perfectamente blanco. El grano de arroz posee adherida una cubierta roja que es el lugar donde contiene entre otras sustancias nutritivas *tiamina*, sin esta cubierta su aporte nutricional se redujo considerablemente. La escasez de nutrientes origina una serie de síntomas que se denominan Síndrome de Beriberi y se produce, en general, por no tener una alimentación adecuada.

Con la llegada del comunismo a China, sistema político que se caracteriza por ser fuertemente centralizado, con una cadena de mando que llega hasta un líder principal (que ostenta este poder de forma oficial o por carácter y respeto de los demás dirigentes), se organizó la producción del país para poder satisfacer las necesidades de alimentación de los cerca de 650 millones de personas a comienzos de los años 1960. Por aquellos años se dio una desafortunada situación. Cuando los encargados locales entregaron los números de la producción de arroz, todos quisieron quedar bien con sus superiores, sobre todo en la naciente organización comunista, por lo que si las cosechas de un sector alcanzaron 10 toneladas no tuvieron problema en informar 12, si cosechaban 20 informaban unas 25, etc. Esto provocó que la suma de la producción del país alcanzara un nivel más allá de lo necesario, pero irreal. Imaginemos que el total cosechado es de 100 toneladas, pero finalmente se informan a los superiores 160 (para quedar bien), el gobierno que solo necesitaba 100 para el consumo interno de la población se ve con 60 toneladas extra y decide venderlas a otros países. Al hacerlo, la realidad es que queda solo con 40 toneladas, una cantidad mucho menor a lo que necesitaba para alimentar a la población. El resultado fue una hambruna que mató entre 15.000.000 y 45.000.000 de personas entre los años 1959 y 1961.

Otro producto infaltable en la compra son los *fideos*, que generalmente se consumen con una salsa. En realidad, el nombre genérico es *pasta*, siendo los fideos su variedad que se presenta como tiras finas y secas. La preparación de las pastas es bastante simple, básicamente es una mezcla de harina, agua, sal y huevo. Dentro de las harinas puede usarse: de trigo (común), de soya, de arroz o integrales, entre otras. A no ser que se especifique, todos los tipos se fabrican con la misma receta y podemos encontrarlos en forma de tallarines, lasaña, caracolitos, corbatas…etc. Antiguamente la pasta seca común era una lámina de masa secada al sol, los griegos le llamaban *lagana* y los romanos *laganum*, hoy es *lasaña*. Con los años a alguien se le ocurrió *tallarla* o cortarla para darle otras formas. *Tallar* o cortar en italiano es *taglieri* por lo que el resultado se llamó *taglierini* y es conocido por nosotros como *tallarines*. Personalmente los prefiero con salsa de tomate y carne molida, en italiano este plato se conoce como *tagliatelle al ragú*. *Ragú* es una palabra que los italianos tomaron del francés *ragout* y designa un guiso o estofado de carne hecho salsa. En Bolonia, región del norte de Italia, es típica una preparación particular de *ragú* que incluye carne, hortalizas, salsa de tomates, mantequilla y vino, entre otros, la que es conocida por nosotros como s*alsa boloñesa* (de Bolonia) o tuco en su versión sin carne.

Agrego a mi carro algunos fideos, aliños y especias como el merquén hecho de ají seco ahumado, cáscaras de corteza de canelo más conocida como canela, semillas molidas de comino, hojas de laurel (*laurus nobilis*, no confundir con laurel de flor que es venenoso), tallo o rizoma de jengibre (en inglés *ginger*, da el sabor característico a la bebida *Ginger Ale*), hojas de romero (las que consumo en poca cantidad por su contenido de ácido carnósico), hojas de orégano y otros.

Dentro de las salsas, habitualmente consumo kétchup, mayonesa y mostaza. El *ketsiap* es una salsa picante China preparada entre otros con vinagre y azúcar. Esta salsa, que se utilizaba para conservar y consumir carnes y pescados, fue conocida en el siglo XIX por el empresario Henry Heinz, quien le incorporó tomate en vinagre a la receta y la comercializó bajo el nombre "*Ketchup* de tomate" a partir de 1876. La empresa Heinz sigue vendiendo *Tomato Ketchup* hasta el día de hoy.

La mayonesa es una salsa preparada con huevos y aceite, la que generalmente es aliñada con limón. Su invención aún es discutida por españoles y franceses, sin embargo, no hay duda sobre el origen del nombre, proviene de la isla española *Menorca*, que fue invadida por los franceses en 1756, los que desembarcaron en el puerto de *Mahon*. A partir de aquí los españoles la llaman *salsa mahonesa* o simplemente *mahonesa*, mientras que los franceses afirman que, si bien conocieron una salsa en *Mahon*, la receta fue modificada en Francia inventando su propia *mahonnaise*, aunque existen varias versiones más sobre su origen.

Para terminar, me voy al pasillo de los *snack* y de los *copetes*. *Snack* es una palabra de uso informal en el idioma inglés, principalmente en USA, se refiere a una comida pequeña o en poca cantidad. Dentro de los alimentos que más consumimos en esta categoría están las papas fritas. Debemos aquí separar dos tipos, las que utilizamos en una comida cortadas en tiras largas son conocidas como *papas francesas* o *papas a la francesa*, en inglés *french fries* o simplemente *fries* (fritas), como se imaginarán el origen de este plato está en Francia y ya se vendían en las calles de París, su capital, desde fines del 1700.

Las papas fritas que compramos en el supermercado son los denominados *chips*. Cuenta la historia que en un restaurant norteamericano llamado *Moon Lake Lodge* ubicado en Saratoga, el chef George Crum, aburrido por las críticas de un cliente, que le exigía cortes finos en sus *french fries*, le presentó un plato con láminas exageradamente delgadas de papas fritas, casi transparentes. El plato fue un éxito y fue denominado *Saratoga Chips*. En 1920 se fabricó la primera máquina para hacer las *potato chips* (Chips de papas).

Las Bebidas Alcohólicas

El *copete*, como son conocidas las bebidas alcohólicas, tiene siempre su origen en la fermentación alcohólica de hidratos de carbono, proceso que produce un tipo de alcohol denominado etanol o alcohol etílico. Los carbohidratos están compuestos por los elementos carbono, hidrogeno y oxígeno y asumen varias formas y estructuras. Al igual que nosotros necesitamos consumirlos para obtener energía, existen otros microorganismos que se alimentan de ellos. Uno de estos microorganismos son unos hongos microscópicos llamados levaduras, que generan como desecho etanol y dióxido de carbono (gas). En particular la levadura *Saccharomyces cerevisiae* se utiliza para la fermentación de una sopa rica en carbohidratos, hecha a base de granos de cebada hervidos en agua a la que se le agregan pétalos de flor de una planta llamada lúpulo, lo que le otorga un sabor amargo, el resultado es la cerveza. En algunas variantes, los granos de cebada son tostados para poder extraer mejor sus azucares, estos granos *malteados*, generan una cerveza oscura llamada *malta*.

Las evidencias de producción de cerveza más antiguas se remontan hacia el 4000 AC (hace más de 6.000 años) pero la producción puede ser más antigua. Fue conocida por los celtas, elamitas, egipcios, sumerios, griegos, romanos y muchos pueblos de occidente. La cerveza probablemente salvó miles de vidas durante la antigüedad y la edad media ya que, al elaborarse con agua hervida, producía muchos menos malestares y enfermedades que el agua común. Hay que recordar que tanto el agua potable como el conocimiento popular de la existencia de virus y bacterias tienen apenas unas décadas.

Existen *copetes* "suaves" como el vino o cerveza,

"fuertes" entre los que se encuentran destilados como el pisco y el ron, y los "intermedios" que por lo general son preparaciones elaboradas con destilados y esencias o extractos de vegetales. Lo *fuerte* o *suave* de una bebida alcohólica está dada por el porcentaje de alcohol etílico puro que contiene, por ejemplo, el vino tiene alrededor de 12° (grados), es decir un 12% de alcohol, mientras que el pisco puede llegar a 40° o 40%. En lo práctico si usted se sirve un vaso de pisco *"puritano"*, casi la mitad del contenido del vaso sería alcohol puro y el resto agua. Una *piscola* o *combinado* mitad pisco mitad bebida en un vaso largo tradicional de 300cc, tendría 75cc de alcohol puro, 150cc de bebida cola y 75cc de agua.

El término *copete* para referirse a las bebidas alcohólicas probablemente no es muy antiguo, en "Voces usadas en Chile" de Aníbal Echeverría, se le asigna al modismo un equivalente a *presuntuoso* o *altanero* y nada dice de las bebidas alcohólicas. *Copete* es un modo diminutivo y probablemente despectivo de *copa* al igual que podemos decir *vejete*, *regordete* o *rufiancete*, evidentemente es una forma de hablar que no está en uso en la actualidad.

El otro *copete* común es el vino. Tan o quizás más antiguo que la cerveza, es elaborado en base a la fermentación, por lo general triple, del jugo de uva. La planta que produce uvas se denomina vid, mientras que a la especie se le denomina *cepa*. Dentro de las cepas más comunes encontramos *Cabernet Sauvignon, Syrah, Malbec, Merlot, Carmenere*, entre otras, para los vinos tintos y *Chardonnay, Sauvignon Blanc y Viognier*, entre otros, para vinos blancos. Varias de las cepas más conocidas son el resultado de cruces entre distintas especies de vid que fueron creadas buscando un vino de mejor calidad.

Los vinos blancos se venden en botellas transparentes mientras que los tintos se presentan en botellas oscuras, para evitar que cambios producidos por la luz alteren su sabor, en particular la luz del sol. Sin embargo, como el vidrio verde u oscuro era más económico que el claro y transparente, antiguamente todos los vinos se vendían en botellas o garrafas oscuras. Hoy en día la transparencia de la botella de vino blanco responde solo a aspectos comerciales, (se ve mejor).

Uno de los vinos que personalmente prefiero son los de tipo *Late Harvest* (del inglés que significa "cosecha tardía" o aplicado a la uva "vendimia tardía". Estos vinos destacan por estar elaborados con uvas que se dejan madurar más tiempo en las parras hasta el punto de ser afectadas por un hongo denominado *Butrytis cinérea*. Este hongo tiene la importante función de colaborar en la deshidratación de la uva, lo que aumenta su concentración de azúcar, obteniéndose de esta forma vinos muy dulces.

En una región de Francia durante el siglo XVII se inició la costumbre de embotellar los vinos antes de finalizar su primera fermentación para conservar sus aromas originales. El resultado fue un vino espumoso que con los años ha sido elaborado con mezclas de distintas cepas de vino blanco y tinto. La región en donde se originó este tipo de vino, al parecer, no era utilizada en la antigüedad para cultivos, por lo que fue conocida popularmente como "tierra baldía" o "campo llano", que en francés antiguo sonaba *Champagne*. Popularmente utilizado en bodas, año nuevo y otras ocasiones especiales, el *champagne* o *champaña* solo recibe este nombre si es elaborado en esta región francesa, al ser elaborado en otros lugares del mundo solo puede denominarse "vino espumante".

Los destilados son concentrados del alcohol derivado de vinos, cervezas y otras bebidas fermentadas. Por lo general los alcoholes obtenidos son reposados por meses, años o décadas en barricas o toneles de roble u otras maderas, lo que contribuye a la generación de sabores característicos. Dentro de los destilados más consumidos en nuestro país está sin duda el pisco.

El Pisco es un destilado de vino producido en diversas zonas del país, principalmente en las regiones III y IV por disponer de un clima ideal para el cultivo de uvas con un alto nivel de azúcar (carbohidrato) lo que permite obtener a su vez gran proporción de alcohol. Para su elaboración es necesario en primer lugar producir un vino que resulta de buen dulzor y con alto grado alcohólico. Uno de estos vinos, cuya producción se destinaba completamente a la producción de pisco es el elaborado con uvas moscatel que hoy podemos encontrar en el supermercado.

En diferentes partes del mundo los azúcares o carbohidratos para producir alcohol se obtienen de lo que esté disponible. En las zonas tropicales la caña de azúcar es uno de los principales cultivos, con ella se elabora un jugo de caña fermentado que posteriormente de destila y se denomina *Ron*, mientras que la versión brasileña es la *Cachaza*. En México, principalmente en las zonas áridas del norte crece una especie de planta carnosa similar al *aloe vera* llamado *agave*, en particular con agave azul se elabora el *Tequila*. El *Mezcal* (que se embotella con un gusano) puede ser elaborado con cualquiera de unos 20 tipos diferentes de agave, también conocido como maguey. Los campos de Irlanda destacan por sus cultivos de cebada, con ella se elabora una especie de vino de malta o cerveza sin lúpulo, que es destilada 2 veces para obtener un alto grado de alcohol, posteriormente es reposado como mínimo por 3 años en barricas de roble blanco antes de ser envasado y distribuido con el nombre *Whisky*. Si usted ahora en 2020 que escribo esto, comprara una botella de *Johnnie Walker Ultimate*, podría tomar un whisky elaborado el año 2001, que estuvo 18 años reposando en una barrica antes de envasarse, exportarse a Chile y llegar al supermercado, claro que para esto tendría que gastar alrededor de $70.000. Una variante del *whisky* escoces es el denominado *whiskey* o *bourboun*, principalmente elaborado en Estados Unidos, se diferencia del whisky en que para su elaboración se utiliza principalmente maíz.

Francia al igual que Chile es una productora destacada de vinos de uva. En las zonas aledañas a la ciudad de *Cognac* se cultiva una cepa de uva blanca utilizada para elaborar vino y destilarlo produciendo *coñac*. En Rusia los principales cultivos son el trigo, cebada y papas entre otros, con todos o cualquiera de esos cultivos se elabora el *Vodka*, término que en español equivaldría a "agüita".

El persa

Desde el supermercado a mi casa siempre prefiero caminar, en este camino una detención obligatoria es el *persa*, en donde puedo comprar algo para llevarle a mi hija. En la ciudad de Santiago como en otras encontramos habitualmente persas, como el Bío Bío, el Persa Estación, Los Tamarindos, el Nogal, los Morros, Maipú, etc.

La civilización *persa* entra en la historia a partir del reinado de Ciro II en el siglo V A.C. (hace más de 2500 años). Los pueblos que habitaban la costa norte del golfo pérsico en Asia se denominaban así mismas *fars,* y fueron conocidos como *Persis* por los antiguos griegos y *persas* por nosotros, eran junto a los Medos una tribu irania (grupo étnico de medio oriente).

En el año 559 AC Ciro (Rey de Persia) se declaró independiente de Media (pueblo de los medos) y en los años siguientes comenzó una serie de conquistas que incluyeron la misma Media y Egipto, entre otros, terminando por formar Imperio (estado con poder centralizado que extiende su dominio a otros pueblos). En su intento por conquistar Grecia en el 490 A.C. el rey persa de la época Darío I se enfrentó a un ejército formado por atenienses y plateos (habitantes de *Platea*) en la ciudad de *Maratón* ubicada a 42,5 kilómetros de Atenas. La leyenda cuenta que los atenienses antes de partir a la batalla dejaron instrucciones a las mujeres para que, en el caso que fuesen derrotados, se encargaran de matar a sus hijos e hijas y se suicidaran para evitar las violaciones, saqueos y esclavitud que eran comunes por parte de los ejércitos conquistadores. Esto debían hacerlo únicamente en el caso que no recibieran noticias al día siguiente. Los atenienses consiguieron la victoria y la seguridad para sus familias en la ciudad, pero la batalla habría sido más larga de lo esperado y el plazo de espera estaba próximo a cumplirse. Ante el riesgo de no llegar a tiempo para avisar a las mujeres en la ciudad y evitar los asesinatos y suicidios, los atenienses escogieron a *Filípides*, el soldado más rápido y lo enviaron corriendo los 42,5 kilómetros que separaban Maratón de Atenas. *Filípides* después de combatir y además de correr, al llegar a la ciudad cayó agotado logrando únicamente pronunciar la palabra "victoria", antes de morir. Otras versiones indican que *Filípides* fue enviado a pedir ayuda a Esparta a unos 240 kilómetros, como sea, hoy en día la *Maratón* es una de las carreras más exigentes del atletismo ya que consiste en recorrer los mismos 42.195 metros. Una de las avenidas cercanas al estadio Nacional lleva este nombre.

En el año 359 A.C un destacado rey denominado Filipo II, del reino de *Macedonia* ubicado en la parte norte del territorio griego, reorganizó su ejército y comenzó una expansión de su influencia por todas las ciudades. En el 338 AC logró la unión de toda Grecia y preparó una expedición para invadir Persia con el fin de eliminar su dominio sobre los pueblos griegos. Cuando la expedición estaba preparada y se encontraba a punto de partir, muere. Su hijo Alejandro III continuó su obra logrando extender sus dominios por cerca de 2.400 kilómetros de este a oeste, formando uno de los imperios más grandes de la historia y siendo conocido como Alejandro el Grande o *Alejandro Magno*. Sus conquistas se caracterizaron por el respeto a la cultura de los pueblos anexados, es más, estableció su capital en la ciudad de Babilonia, al centro del Imperio, la que se convirtió en una urbe con gran diversidad cultural (idioma, religión, historia, etc.), por las gentes venidas de diferentes pueblos. Fue tal la mezcla de culturas del imperio *macedónico* que posteriormente se denominó *Macedonia* a cualquier conjunto que reuniera una variedad de elementos. Hoy denominamos *macedonia* a la ensalada hecha con un surtido de frutas.

Al imperio persa lo sucedieron otros como el Parto y el Sasánida (iranio), sin embargo, los persas no desaparecieron de la historia, de hecho, reaparecieron como protagonistas en el siglo II al volver a consolidar su poder formando un nuevo imperio. Sobrevivieron a los romanos, pero fueron conquistados por los árabes en el siglo VII. El territorio de Persia, fue gobernado posteriormente por otras dinastías *iranias*, como los *Safávidas* y la dinastía *Kayar* que gobernó desde el año 1796 hasta 1925. Durante el siglo XVII debido a la expansión colonial de Gran Bretaña, Francia y el Imperio Ruso, sufrió la pérdida de algunos de sus territorios.

A principios del 1900 al encontrarse petróleo en sus dominios, Persia comenzó a ser disputada por Rusia y Gran Bretaña. Desde entonces los países poderosos han intentado influir fuertemente para obtener el control, entre ellos los Estados Unidos. El antiguo reino de Persia pasó a denominarse *Irán* en 1935 y su gobernante es conocido como *shah*, que significa *rey* en el idioma que aún se denomina persa o *farsi*. La frase "jaque mate" utilizada en el ajedrez, que en inglés es *checkmate* y en alemán *schachmatt*, tiene su origen en la frase *shah mat* "el rey ha muerto", en idioma persa.

De los ingleses probablemente llegó a nosotros el concepto *Mercado Persa*, lugares en donde se reúne un gran número de vendedores a ofrecer sus productos a viva voz, generando un ambiente característico en el cual el regateo es una práctica casi obligatoria y en donde se vendían las célebres *alfombras persas*, cuya fama ha desaparecido del conocimiento popular.

Como los viernes mi hija y yo terminamos temprano la escuela y el trabajo, tenemos tiempo para pasar la tarde en un lugar interesante.

El Mall

Aunque trato de evitar ir al *Mall* por su alta concentración de personas, es ahí donde se ubican desde hace algunos años las principales cadenas de Cine.

Palla-malleus es un antiguo juego que consiste en golpear una pelota, en latín *palla*, con una especie de mazo o martillo, en latín *malleus*, juego similar al actual *croquet* que muy probablemente deriva de él. Del latín estas palabras derivaron en el término italiano *pallamaglio*. Este juego pasó a Francia con el nombre *paille-maille* y se conoció en Inglaterra como *pall-mall*. Este juego también fue conocido a principios del siglo XIII como *"juego del mallo"* en España.

En Londres, Inglaterra, el *pall-mall* se practicaba, entre otros lugares, en un campo frente al palacio de *Buckinham*, que posteriormente fue transformado en un paseo a mitad del siglo XIX, siendo conocido como *The Mall*. Esta calle-paseo aún existe y es usada preferentemente para eventos como desfiles, conmemoraciones y otros similares. A partir del conocimiento de esta avenida, en los Estados Unidos comenzó a asociarse término *Mall* a las calles ubicadas en el centro de las ciudades que no tienen tránsito de vehículos, lo que nosotros llamamos paseo peatonal. Con la aparición de los grandes centros comerciales en ese país a partir de los años 1950, se utilizó para denominarlos la frase "Paseo de compras" o *Shopping Mall*, que con el uso popular se redujo a *"Mall"*. Con este nombre se popularizan en Chile los *"nuevos mercados"* a partir de 1980, aunque algunos utilizan implícito el concepto *shopping center* "centro de compras" como por ejemplo el *"mall" Florida Center o el Costanera Center.*

8. Otras Actividades

El Cine

La palabra *cine* tiene su origen en una abreviación del término *cinematógrafo*, aparato inventado por dos hermanos franceses llamados Auguste y Louis Lumière, quienes se basaron en un aparato ya existente denominado *kinetoscopio*. Este artefacto permitía ver una secuencia de fotos que se "detenían" un breve tiempo gracias a un obturador, encargado de descubrir las imágenes solo cuando aparecían de forma completa, evitando que el observador viera las transiciones de cada una. Este efecto permitía ver hasta 40 imágenes por segundo generando la ilusión de movimiento y es el mismo principio que se utiliza hoy. La mejora realizada por los hermanos Lumiere consistió en la posibilidad de proyectar estas imágenes en una superficie, además, el mismo aparato funcionaba como máquina filmadora.

Las palabras *kinetoscopio* y *cinematógrafo*, tienen la misma raíz griega *kine* que significa movimiento y origina, entre otras palabras, los términos *cinemática*, rama de la mecánica (física) que estudia el movimiento y *kinesiología*, estudio del movimiento humano. *Kinetoscopio* contiene también la palabra griega *scopos* (ver), que también podemos encontrar en *microscopio*, para ver objetos pequeños (*micro*) y *telescopio* para ver objetos lejanos (*tele*). El término griego *graphein* (escribir o grabar) origina los sufijos o prefijos *grafo* y *grafía*, que podemos encontrar en el término italiano *grafitti*, o en bolígrafo (lapicera), ortografía y grafomotriz, entre otros.

El cinematógrafo hoy en día utiliza el mismo principio que el original, con las mejoras tecnológicas que han ido apareciendo con el paso de los años. Todos los aparatos que muestran imágenes en movimiento se basan en la presentación rápida de imágenes fijas. Los *televisores*, visores lejanos, tienen una frecuencia de imágenes de entre 60 y 120 por segundo. Mientras más *Hertz* (imágenes por segundo) sean capaces de mostrar, más fluido se verá el movimiento de las escenas en nuestras *películas*, por lo que, si su preferencia es ver *film* de acción, es recomendable el uso de un televisor de al menos 100 Hertz o que tenga la tecnología para sincronizar las imágenes de la película a la frecuencia de la TV, con esto se evitan imágenes borrosas que cansan la vista, fenómeno conocido como *efecto blur*. *Hertz* es el apellido de un físico alemán, en su honor se denominó así a la unidad de frecuencia (cuantos… por segundo).

Las Películas

Las palabras *film* o *película* hacen referencia a las delgadas láminas sensibles a la luz que se utilizan para grabar una obra de cine o tomar fotografías y que con el tiempo se convirtieron en sinónimos de su contenido. A pesar del avance de las cámaras digitales, aún se graban *largometrajes* en *película*. Largometraje, es otra palabra que se utiliza para designar las *obras cinematográficas*, tiene su origen en la gran cantidad de metros de película o film que se necesitan para grabarla, considerando que por lo general tienen una duración entre 90 y 150 minutos (requieren de largo metraje). El cortometraje es una obra cuya duración no supera los 30 minutos, son conocidos popularmente como *"cortos"*.

La gran mayoría de las películas tiene su origen en libros escritos y publicados con anterioridad. Estos libros son escogidos por los productores por estar entre los más populares y los *mejor vendidos*, que en inglés se traduce como *best seller*, concepto que se asocia a las "mejores películas", aunque no siempre un libro éxito de ventas se convierte en una película exitosa.

Parque y Plazas

Si prefieren los espacios abiertos se puede ir a una plaza o parque. *Plaza* señala un espacio amplio y es la evolución del mismo concepto en el latín *platea*. *Parque* proviene del francés *parc* que designaba un lugar para mantener animales salvajes. El origen de este nombre se encuentra en los castillos medievales y el término *parricus*, nombre que recibían los terrenos en donde el rey o un noble mantenían animales de caza. La gente común lo asoció a todos los terrenos que rodeaban un castillo, incluyendo jardines y áreas verdes, adoptando el sentido que le damos ahora.

La visita al doctor

La palabra *doctor* deriva del latín *doctor - doctoris* que en la edad media se utilizaba para referirse a un maestro, deriva de la palabra *docere* que significa enseñar, mostrar, y que origina también la palabra *docente*. *Médico* proviene del latín *medicus*, palabra derivada de *mederi*: curar.

Doctor, es cualquier persona que haya alcanzado el más alto grado académico que existe, el *doctorado*. En la educación superior existen diferentes grados académicos que se van obteniendo a través de los años de estudio, siempre y cuando se cumplan ciertas condiciones. Un estudiante de ingeniería en informática, por ejemplo, carrera universitaria que dura 5 o 6 años, puede obtener el grado académico de *licenciado en informática* al quinto año, pero deberá terminar su carrera, realizando una investigación llamada *tesis*, realizar algunos cientos de horas de práctica profesional y probablemente dar un examen final, obteniendo al finalizar estos procesos su título profesional que lo autoriza para ejercer la profesión. Si este ingeniero quisiera especializarse aún más en algún área, como por ejemplo en software podría optar a un *master*, estudiando 2 años más, y obteniendo al finalizar el grado de *maestría*, *máster* o *magíster*. Si quisiera ir más allá, y dedicarse a la investigación de nuevos lenguajes de programación podría postular a un *doctorado*, teniendo que estudiar de 3 a 4 años para conseguirlo. Obteniendo el grado de *doctor* en programación.

Los médicos se titulan como médico-cirujano, y su grado académico es licenciado. Pueden especializarse realizando un magister, por ejemplo, en cirugía y luego un doctorado en traumatología, obteniendo de esta forma el grado académico *doctor*. No todos los médicos son doctores ni todos los doctores son médicos. Un médico general no es doctor, y es posible encontrar doctores en historia, filosofía, ingeniería y educación, entre otros.

Existe también una diferencia entre médicos y

cirujanos, esta tiene relación con la forma de enfrentar un problema de salud. Existen enfermedades que requieren el uso de medicamentos como, por ejemplo, una amigdalitis, esto lo puede ver un médico, quien a través de la práctica clínica es capaz de descubrir el problema y remediarlo a través de medicinas. Sin embargo, si en este caso el problema es recurrente, como sucede en algunos casos con las amigdalitis, el médico puede optar por una solución quirúrgica y derivará al enfermo con un cirujano. Si bien la formación básica de los médicos incluye las dos áreas, existe un gran número que opta por especializarse sólo en una de ellas. Puede haber un cardiólogo especialista en medicina y tratar una obstrucción en venas o arterias con medicamentos, pero si el paciente llega a requerir una cirugía, lo más probable es que lo envíe a otro cardiólogo especialista en cirugía vascular (de vasos sanguíneos, venas o arterias). La especialidad de medicina, es decir diagnóstico y tratamiento de enfermedades que no requieren cirugía se denomina *medicina interna*.

Para una consulta al médico lo común es solicitar una hora al *centro médico*, a una *clínica*, o ir al *hospital*. La palabra clínica proviene del latín *clinicus* y este del griego *klinico – klini* palabra que tiene el sentido de *lecho* o *cama* y que hace referencia a la forma de atender a los enfermos. Posteriormente, la práctica *clínica* de la medicina se relacionó con el diagnóstico, es decir, con las habilidades y conocimiento para evaluar y analizar los síntomas y así descubrir la enfermedad o problema que los originan, pasando a significar *clínica*, un lugar especializado en diagnósticos. *Hospital* tiene su origen en el latín *hospitale*, término que se utilizaba para denominar una habitación para huéspedes.

Si bien las instituciones para el cuidado de los enfermos tienen su origen hace más de 2500 años, es en la edad media, de la mano de religiosos cristianos, que toma la forma actual. En los primeros siglos del cristianismo algunos religiosos se esforzaron por ayudar y reformar a la población menos favorecida, pobres, prostitutas y enfermos. Algunos personajes como Basilio de Cesarea en el siglo IV establecieron hostales para la gente sin hogar y hospitales para enfermos, en donde recibían todos los cuidados que les podían ofrecer. Esta práctica se mantuvo a través de los siglos gracias a la caridad y donaciones de benefactores. Con los avances en la materia y el aumento de las instituciones educativas fue posible contar con más personas preparadas para ejercer la medicina. Esto permitió gestionar *visitas médicas* para los enfermos. Los médicos cada cierto tiempo iban a los hospitales y evaluaban a los pacientes dando las indicaciones necesarias. Cualquiera que haya estado hospitalizado sabrá que este sistema no ha cambiado hasta el día de hoy.

Algunas de las especialidades médicas más conocidas son: Pediatría, del griego *país -paidos:* niño e *iatrea* que significa curación. Dermatología, del griego *derma:* piel y *logía:* estudio. Ginecología, del griego *gyne-gynaikos:* mujer. Obstetricia del latín *obstetrix:* partera que derivó a *obstetricius.* Oftalmología, del griego *ophthalmos:* ojos. Otorrinolaringología, proviene de *otos:* oído, *rhinos:* nariz (como en rinoceronte) y *laryngos:* laringe. Psiquiatría, proviene del griego *psukhe:* alma o mente.

9. La Noche

Después de alguna actividad recreativa o una visita al médico regresamos a la casa. El término *casa* designa el lugar físico habitable que destinamos para vivir, mientras que *hogar* es el nombre del ambiente familiar que se genera (o no) en una casa, proviene del latín *focaris – focus* que denominaba una hoguera. En algún momento de la historia hubo un cambio de sonido en las letras f y h por lo que *focaris* terminó probablemente sonando *hocaris*. Tema que trataré en el siguiente libro.

La Once

La once es comúnmente la última comida del

día en Chile. En nuestro país la costumbre de cenar no está popularmente arraigada y solo se realiza en ocasiones especiales como año nuevo y navidad. El origen de este término no está claramente definido y solo existen supuestos basados en pocas evidencias. Uno de estos, es que hacía referencia a la toma de aguardiente, palabra con once letras, y otro hace referencia a la hora en que se consumían los alimentos. En un libro publicado en 1900 se hace notar que en el uso popular el término era *"onces"*. Pero difícilmente se encontrarán escritos antiguos que hablen de las *"onces"*.

La Televisión

Lo último que hago todas las noches es ver algún *programa* a través de mi "visor de imágenes lejanas" o *tele-visor*. Un *programa* es una secuencia ordenada de hechos o partes de un proyecto. Las estaciones que emiten televisión realizan una programación de los distintos contenidos que presentarán al público, planificando cuando, "antes de que" y "después de que" presentarán una película o una telenovela. Esta programación era normalmente publicada en revistas de forma semanal, quincenal o mensual bajo el titulo obvio *"programa"*. Con el tiempo esto se asoció a cada una de las unidades transmitidas por los canales de televisión. En inglés se utiliza la palabra *show* de televisión o *tv show* (mostrar).

Un canal es un conducto, tubo o vía por el cual

circula, se desplaza o se transporta algún contenido. En Santiago existen varios cursos de agua que debieron ser transformados en canales con el crecimiento de la ciudad, muchos de ellos corren bajo tierra. Las estaciones de televisión transmiten sus programas en forma de ondas electromagnéticas de alta frecuencia, para esto el estado, a través del Ministerio de Transportes y Comunicaciones, les asigna un *canal* o vía dentro de la *banda de alta frecuencia*, que en el caso del canal 7 está entre 168-174 MHz (millones de Hertz) y del canal 13 entre 210 y 216 MHz, como ejemplos.

Dentro de la programación de los canales, el tipo de contenido más común es la *telenovela*. Hasta antes de la invención y masificación de la televisión, la radio y la lectura eran las entretenciones equivalentes. Dentro de la lectura, las novelas y las revistas eran por lejos las más populares, en particular las novelas románticas o *novela rosa*. La novela es la narración en prosa (no en verso), de extensión por lo general larga, que trata una historia principal de ficción. La *novela rosa* se caracteriza por tratar temas de enamorados, quienes por lo general tienen un sinnúmero de problemas antes de lograr, al final, ser felices. Este género fue muy común durante el siglo XX, una de las autoras más conocidas fue Corín Tellado quien llegó a escribir unas 5.000 novelas de este tipo. Sus relatos aparecían por capítulos en las revistas ya sea como novela o en forma de *fotonovela* (fotos de actores reales con diálogos escritos). Con la masificación de la televisión, las novelas se adaptaron a la forma de series de programas llamados *telenovelas*, práctica que perdura hasta hoy.

En la noche, el último programa que veo antes de acostarme son las noticias. *Noticia* es una palabra que deriva del latín *notitia*: revelación, exhibición. En otros idiomas como el inglés *news*, el ruso *novosti* o el francés *nouvelles*, tiene el sentido de "novedad" o "novedades", al igual como en español podemos preguntar indistintamente si "hay noticias" o "hay novedades", tiene el mismo origen que la palabra *novela*.

Terminando las noticias veo el tiempo para el otro día. El *tiempo atmosférico* corresponde a los cambios que se puedan producir en las condiciones de la atmósfera durante un periodo de tiempo, ya sean horas o días. La ciencia que estudia estos fenómenos se denomina *meteorología*, cuyo nombre proviene del griego *meteoron* que a su vez proviene de las palabras *aeiro* que significa algo similar a "elevar" y *meta*: "entre". El concepto *meteoron* viene a significar algo similar a "alto en el cielo", siendo la meteorología la ciencia que estudia los fenómenos que ocurren en lo alto. Los cambios atmosféricos que nos afectan ocurren en la troposfera que abarca desde el nivel del suelo hasta unos 10 kilómetros de altura. El mismo origen tiene la palabra *meteoroide*, *meteoro* y *meteorito* que designan cuerpos celestes más pequeños que los asteroides siendo *meteoreoide* cuando vaga por el espacio, *meteoro* cuando ingresa a la atmosfera y *meteorito* cuando ya ha caído la superficie de la tierra. Terminado el informe del tiempo apago el televisor y me acomodo para dormir.

10.   Final

Hemos pasado una larga jornada desde el despertar en la mañana, utilizamos los diferentes espacios de la casa, tuvimos que vestirnos y salir a la calle para ir a tomar locomoción. Cruzamos la ciudad y llegamos a nuestros destinos: el colegió para las niñas, el trabajo para los adultos. Siendo viernes pudimos salir temprano, ir de compras y regresar al hogar para salir a algún lugar de recreación con la familia, o quizás para una visita al médico. Regresamos a tomar once y ya en la cama vimos un poco de televisión.

Nuestro día a día está lleno de historia y significado, si dedicamos un tiempo para verlo, esto fue solo una pequeña muestra. Solo puedo esperar que lo hayan disfrutado y mejor aún, que se hayan sorprendido con alguno de los significados, historias o historia de algún significado.

ACERCA DEL AUTOR

Julio Duarte Garcés (1981), de profesión psicopedagogo, cursó estudios de Ingeniería y Psicología en la Universidad de Chile antes de dedicarse a la educación. Trabajó como docente en el Instituto Profesional Los Leones y como asistente de la educación por 10 años, siendo parte del equipo de gestión en una escuela básica hasta el año 2020. Actualmente está dedicado a la crianza de su hija Catalina.